Über den Autor:

Frank Cord Blomeyer wurde 1957 in Goslar geboren. Seine Kindheit und Schulzeit verbrachte er in Marburg an der Lahn. Nach dem Abitur widmete er sich in seiner Ausbildung unterschiedlichsten Interessengebieten, insbesondere der Theologie, der Psychologie, dem Rettungsdienst und der Naturheilmedizin. Im Jahr 1984 eröffnete er eine Naturheilpraxis in Goslar. Seit Mitte der 1990iger Jahre ist er darüber hinaus auch als Dozent und Trainer tätig. Heute lebt er mit seiner Familie in der Lüneburger Heide und auf der Insel Lanzarote und bietet dort Seminare, Trainings und auch individuelle Beratungen und Behandlungen an.

(Kontakt: www.frankblomeyer.de • frankblomeyer@googlemail.com)

Frank C. Blomeyer

Dein Bewußtsein
Deine Stärke

Plädoyer gegen die Angst vor Veränderungen

Frank C. Blomeyer: Dein Bewußtsein – Deine Stärke
Plädoyer gegen die Angst vor Veränderungen

© Verlag Zeitenwende
Dresdner Straße 90
01454 Radeberg
www.verlag-zeitenwende.de
buecher@verlag-zeitenwende.de

Umschlaggestaltung: Verlag Zeitenwende
Satz: Verlag Zeitenwende

1. Auflage 2011

Die Deutsche Bibliothek - CIP-Einheitsaufnahme
Ein Titelsatz für diese Publikation
ist bei der Deutschen Bibliothek erhältlich.

ISBN 978-3-934291-62-1

Alle Rechte, auch die des auszugsweisen Nachdrucks, der
fotomechanischen und multimedialen Wiedergabe sowie der
Übersetzung in andere Sprachen, vorbehalten.

INHALTSVERZEICHNIS

Vorwort 7
Eine Anekdote 10
Die Mauern unserer Zeit 14
Sind wir noch zu retten? 21
Die etablierte Wissenschaft – das monokausale Denken ... 30
Was wir von Kindern lernen können 42
Die Informationsgesellschaft 51
Wirklichkeit und Wunder 65
Angst und die Frage der Zeit 75
Lösungen sind bereits vorhanden 86
Bewußtsein 96
Einheit – das universale Prinzip 110
Metamorphose – das Überschreiten
von Grenzen ist nötig 128
Verstand versus Leben 143

Dank

Ich bedanke mich bei allen Menschen, denen ich in meinem bisherigen Leben begegnet bin, für das, was ich von ihnen und durch sie lernen durfte. Sie alle waren an der Entstehung dieses Buches beteiligt, insbesondere wenn wir eine Strecke des Weges gemeinsam gegangen sind. Aber auch flüchtige Begegnungen hatten ihre Bedeutung, manchmal vielleicht nur wegen eines Wortes, eines Blickes, einer Geste.

Ganz besonders danke ich meiner Frau Sabine und meinen Kindern Sandra, Berit, Lara und Jonas. Durch sie habe ich Liebe, Weisheit und Glück gefunden. Meinen Freunden danke ich für viele interessante Gespräche und für die außergewöhnlichen Gedanken, die ich mit ihnen teilen durfte.

Erwähnen möchte ich an dieser Stelle auch Sven Henkler, meinen Lektor und Verleger. Seinem Engagement verdanke ich nicht nur das Erscheinen dieses Buches. Mit viel Enthusiasmus und großem Einfühlungsvermögen hat er durch ständiges Hinterfragen dazu beigetragen, daß ich die Gedanken, die ich hier vermitteln möchte, treffend und präzise formulieren konnte.

Ich widme dieses Buch meinen Eltern Kurt und Dorothea Blomeyer. Auch ihnen danke ich für alles, was sie für mich getan haben.

Vorwort

Die Idee, dieses Buch zu schreiben, entstand aufgrund vieler Gespräche, die ich mit Freunden, Patienten und den Teilnehmern meiner Seminare führte und in denen die Angst vor der Zukunft, die Angst vor Ungewißheit und vor Veränderung eine zentrale Rolle spielte. – Immer wieder wurde mir dabei aufs neue bewußt, daß unsere Gesellschaft heute ein enormes, geradezu übersteigertes Sicherheitsbedürfnis hat. Die unzähligen Angebote von Versicherungen gegen alles mögliche und unmögliche sind ein eindeutiges Indiz hierfür. Wir versuchen, das Leben zu manipulieren, Unvorhergesehenes und vor allem Unliebsames auszuschalten. Aber diese »Sicherheit«, die wir uns auf diese Weise im wahrsten Sinne zu *erkaufen* versuchen, ist sehr trügerisch und endet oft auf dem Holzweg. Letztendlich gibt es nämlich keine Sicherheit. Leben und Sicherheit schließen sich gewissermaßen gegenseitig aus. Leben ist Bewegung, Leben bedeutet, im Fluß zu sein, Leben ist Veränderung. Sicherheit dagegen ist etwas Sta-tisches, sie versucht gerade, jede Veränderung zu vermeiden, denn diese birgt immer ein Risiko in sich. Wie wenig es Sicherheit gibt, erleben wir tagtäglich: Unfälle, Krankheiten, Eingriffe der Natur in unser Leben und in neuerer Zeit auch die Bedrohung durch Terror sind hierfür Beispiele.

Geradezu spektakulär sind die apokalyptischen Prophezeiungen, die das Ende der Welt in grellen Farben ausmalen und die häufig an bestimmte Ereignisse oder auch Jahreszahlen geknüpft sind, wie aktuell an das Jahr 2012. In den Wahrsagungen der Hopi-Indianer spielt die Jahreszahl 2012 konkret eine Rolle. Und der Kalender der Mayas endet sogar mit dieser Jahreszahl, was schon deswegen darauf schließen läßt, daß sie 2012 als das Ende der Zeit und somit dieses Planeten ansahen. Als ich dieses Buch schrieb, war 2012 für die Allgemeinheit nur eine Jahreszahl wie viele andere, allenfalls ein »Geheimtip« von und für Insider. Nur wenige Menschen hatten eine Idee vom Maya-Kalender, von den Veränderungen, die für die Zeit um das Jahr 2012 prophezeit werden. Dies hat sich in den letzten Jahren stetig und zuletzt nahezu dramatisch verändert. Es gibt heute eine Fülle von Büchern und Veröffentlichungen zu diesem Thema. Zum größten Teil werden in diesen Publikationen die zu erwartenden Katastrophen beschrieben, in einigen glücklicherweise aber auch die Möglichkeiten positiver Veränderung.

Trotz zahlreicher apokalyptischer Vorhersagen ist die angekündigte globale Vernichtung glücklicherweise bisher nicht eingetreten. Eines haben solche Vorhersagen allerdings immer gemein: Die Angst, die sie bei vielen Menschen auslösen. Auch deshalb stehe ich destruktiven apokalyptischen Aussagen eher skeptisch gegenüber, wobei sicher eines außer Frage steht: So wie bisher kann und wird es in Zukunft nicht weitergehen. Und so hat die Jahreszahl 2012 für mich in diesem Zusammenhang eher einen symbolischen Wert. 2012 steht für Veränderung, für Erneuerung, egal ob heute, nächstes Jahr oder wann auch immer. Veränderung ist immer notwendig, sie gehört zum Leben dazu. Sie ist keine Katastrophe, wir brauchen keine Angst vor ihr zu haben. Veränderung birgt grundsätzlich die große Chance für einen *Neuanfang*. Gerade aus diesem Grund ist für mich der persönliche Aspekt dieser Zeitenwende viel interessanter als die globale Auswirkung. Jeder Mensch hat auf einer ganz persönlichen Ebene die Chance für eine Erneuerung, dazu, sich weiterzuentwickeln und an den gegenwärtigen Umständen, gerade auch dann, wenn sie belastend sind, zu wachsen und zu reifen. Deswegen geht es in diesem Buch auch nur am Rande um Katastrophen, im Mittelpunkt der Betrachtungen stehen die Möglichkeiten des einzelnen, sein eigenes Leben neu zu gestalten, und die Chancen, zu neuen Ufern aufzubrechen, neue Wege einzuschlagen. Das zu realisieren, hängt weitgehend von unserem Bewußtsein ab. Hier finden wir nahezu ungeahnte Möglichkeiten, die leider bisher bei den meisten Menschen brach liegen. Unser Bewußtsein ist unsere Stärke und die Lösung für (fast) aller Probleme.

So liegt auch die Lösung der für 2012 prophezeiten Probleme, viele davon sind ja heute bereits *Alltags*-Wirklichkeit, für mich eher auf der persönlichen Ebene. Und das ist auch deshalb so, weil wir auf eine Lösung seitens der Politik, der Führer, der Mächtigen dieser Welt nicht zu warten brauchen. Sie haben die Zeichen der Zeit nicht erkannt. Aber je mehr Menschen die individuelle, die persönliche Lösung realisieren, desto wahrscheinlicher wird der Erfolg auf der globalen Ebene. Denkanstösse und Ideen hierzu habe ich in diesem Buch aufgeschrieben. Ich wünsche Ihnen ganz persönliche, neue und wegweisende Einsichten bei einer hoffentlich spannenden Lektüre.

Frank Cord Blomeyer
Bomke im Oktober 2010

Eine Anekdote

Nachdem Gott vor langer, langer Zeit eine perfekte Welt, das Paradies, erschaffen hatte, setzte er sich in die Sonne, um sich auszuruhen. Er wollte sich erfreuen an all dem, was ihm so hervorragend gelungen war. In dieser perfekten Welt lebte auch der Mensch. Doch der war mit dem, wie alles war, nicht so zufrieden wie Gott und wollte die Dinge hinterfragen. Es reichte ihm nicht, die Tage einfach nur zu genießen und sich an seinem Leben zu erfreuen. Sein ruheloser Verstand wollte sich nicht abfinden mit der Behauptung Gottes, daß alles sehr gut so sei, wie es war. Vielleicht gab es da ja doch noch einiges zu verbessern. Überhaupt: warum war der Mensch nur Mensch und nicht auch Gott? Es war ja eigentlich herrlich in dieser perfekten Welt. Aber schließlich hatte er keinen Vergleich, er kannte nur sein »Paradies«. Dies und andere Gedanken ließen den Menschen nicht los. Er wollte Gott nicht einfach nur glauben, er wollte *selber* wissen. Er wollte die Dinge gerne *selber* beurteilen. Er wollte *selber* Gott sein!

Der Mensch griff nach der Frucht der Erkenntnis, obwohl Gott dies ausdrücklich verboten hatte. Zunächst schmeckte die Frucht sehr gut. Der Mensch fühlte sich erhaben und mächtig. Er war nicht länger einfach nur da, er hatte plötzlich die Freiheit der Entscheidung. Doch mit der Freiheit kam die Angst, auf einmal war alles so anders, alles hatte auf einmal *zwei* Seiten. Diese Angst warf den Menschen aus dem Gleichgewicht, zerstörte seine innere Ruhe, lähmte ihn regelrecht. Es gab da draußen in dieser veränderten Welt jetzt so viel Unbekanntes, Furchterregendes, Bedrohliches. Auf einmal fühlte der Mensch sich verantwortlich für das, was er tat. Er hatte das Gefühl, sich ständig entscheiden zu müssen. Und was viel schlimmer war: es schien, als gäbe es die Möglichkeit, sich falsch zu entscheiden, Fehler zu machen. Aus der paradiesischen Gleichmäßigkeit einer perfekten Welt war der Mensch in eine sich scheinbar permanent verändernde, ruhelose Wirklichkeit gestürzt. Alles war in Bewegung. Es schien plötzlich so etwas wie Zeit zu geben. Der Mensch fühlte sich ohnmächtig. Und je mehr Raum er diesem Gefühl in seinem Bewußtsein gab, desto kleiner und ohnmächtiger wurde er.

Es gab Tage, an denen fühlte sich der Mensch gut, da waren aber auch viele andere, an denen das gar nicht so war. Das hing auch mit dieser veränderten Welt und ihrer Zweiseitigkeit zusammen. Ja die Sache ging sogar soweit, daß der Mensch krank wurde. Überhaupt schien alles um ihn herum zu altern, sich abzunutzen und zu verfallen – er selbst eingeschlossen. Nein, irgend etwas stimmte nicht. Das Gefühl der Macht und der Erhabenheit war wie weggeblasen. Angst, Trauer, Unsicherheit beherrschten das Bild und nicht länger mehr Freude, innere Ruhe und Sicherheit. Jegliche Begeisterung war verschwunden. Lediglich die ganz jungen Menschen und die Kinder kannten dieses Gefühl. Doch sie wurden ausgelacht. Schließlich hatten sie ja noch keine Ahnung, was Leben bedeutet und was es alles für Probleme gab.

Eines Tages stand einer auf, der sich in dieser scheinbar ausweglosen Situation daran erinnert hatte, daß früher alles ganz anders war. Er wollte sich nicht länger damit abfinden, daß dies alles nur eine »schöne Erinnerung« sein sollte. Er ließ diese Erinnerung in seinem Bewußtsein lebendig werden, ja er schaffte es, daß diese in seinem Bewußtsein zur Realität wurde. Das war für ihn eine erstaunliche Erfahrung. Dieser Wandel in seinem Bewußtsein, dieses neue, von der Angst und ihren Begrenzungen befreite Denken veränderte seine Welt tatsächlich. Aus dem trostlosen Grau seines Alltags wurde eine farbenfrohe, begeisternde Wirklichkeit, die voller fantastischer Möglichkeiten steckte. Es war eine Wirklichkeit, die keine Begrenzungen mehr kannte. Alles Bedrückende war verschwunden. Er war wieder im Paradies.

Dieser eine Mensch erkannte plötzlich, daß es nicht zwei Welten waren, die er da kennengelernt hatte, es waren lediglich zwei Seiten ein und derselben Welt. Der Mensch konnte von der einen auf die andere Seite wechseln, je nachdem, worauf er seine Gedanken und Gefühle richtete. Er konnte durch sein Denken und Fühlen alle Dinge in seiner Welt erschaffen, alles, was er wollte und wie er es wollte. Diese Erkenntnis machte ihn nun wirklich zu einem Gott.

Dieser eine Mensch wollte seine Entdeckung nun allen anderen mitteilen. Doch er wurde nur ausgelacht. Keiner wollte ihm seine Geschichte glauben. Ja schlimmer noch: kaum einer wollte ihm zuhören. Er wurde sogar verfolgt, denn er war ein Gotteslästerer, ein gefährlicher Verrückter. Nicht auszudenken, wenn diese Ideen sich verbreiten würden! Die ganze Ordnung, die im Laufe vieler Jahrhunderte gewachsen war, würde womöglich zusammenbrechen. Das

Chaos drohte. Dieser Mensch mußte schleunigst aus dem Verkehr gezogen werden.

Doch so groß die Bemühungen auch waren, dieser Mensch wurde nicht gefunden. Er war wie vom Erdboden verschwunden. Im Laufe der Jahre wurde es ruhiger um ihn und seine revolutionären Ideen. Doch ganz waren diese Gedanken einfach nicht auszurotten. Immer wieder flackerten sie irgendwo auf. Immer wieder gab es Menschen, die sich aufmachten in diese andere, neue Welt. Doch die meisten taten es still, ohne großes Aufsehen zu erregen.

Bis heute ist diese Idee in den Köpfen einiger Menschen lebendig geblieben.

DIE MAUERN UNSERER ZEIT

»Um uns regiert der Wahnsinn, und um uns steigt die Flut.
Die Welt geht aus den Fugen, und ich rede noch von Mut.
Wir irren in der Finsternis, und doch ist da ein Licht,
Ein Widerschein von Menschlichkeit, ich überseh' ihn nicht.«
(Reinhard Mey: »Die Mauern meiner Zeit«)

Jedes Problem, jedes Hindernis, jede Mauer hat etwas Bedrohliches. Hindernisse erfordern von uns, daß wir etwas ändern müssen. Das ist zunächst unbequem und kann uns auch, wenn die erforderlichen Veränderungen einschneidend sind, Angst machen. Doch jedes Problem, das uns zum Handeln zwingt, birgt in sich auch die Chance für einen Neubeginn. – Das 3. Jahrtausend nach Christus steht für einen Entwicklungsschritt in unserer Geschichte, der Geschichte der Menschheit. Und dieser Entwicklungsschritt ist unvermeidlich, er ist notwendig. Ich sehe darin allerdings nicht die Bedrohung, nicht die Katastrophen, sondern die Möglichkeit für einen Neubeginn, einen Neubeginn im Leben eines jeden einzelnen von uns. Und darin liegt die große Chance unserer Zeit. Es geht primär nicht um die Zerstörung, um Katastrophen und Ausweglosigkeit. Es geht um die sehr reale Möglichkeit der Entstehung einer »neuen Kultur« auf einer neuen Erde. Und dieser Neubeginn braucht nicht in die Zukunft verschoben werden. Er kann, ja er muß *heute* beginnen. So betrachtet leben wir in einer wunderbaren Zeit. Wir können an diesem Neubeginn mitwirken. Wir können die neue Welt gestalten.

Trotz aller apokalyptischen Vorhersagen denke ich, daß wir entgegen aller Unkenrufe diese ganz große Chance haben, mit all den erheblichen Problemen fertig zu werden. Vielleicht ist es *die* Chance der Menschheitsgeschichte. Wir müssen nur die Schwierigkeiten als Herausforderung begreifen und die Möglichkeiten sehen, die uns letztere bieten. Wir haben die einmalige Gelegenheit, eine unglaubliche Erfahrung zu machen. Denn die wissenschaftlich-technokratische Weltsicht hat ihre Möglichkeiten in naher Zukunft ausgeschöpft. Sie ist am Ende. Es wird etwas Neues kommen, etwas, das weit über unsere heutigen Vorstellungen hinausgeht. Es wird den begrenzenden Rahmen der wissenschaftlich materiellen Realität einfach sprengen. Wir können mutig ans Werk gehen und werden über uns hinauswachsen.

Wir leben in einer Zeit des Umbruchs. Interessanterweise sagen viele Weisheitslehren, die großen Religionen, die Astrologie, die östlichen Philosophien, Nostradamus und viele weise Lehrer und Gelehrte für unsere Zeit dramatische Dinge voraus. Dies deckt sich mit der Erkenntnis der Naturwissenschaften. Ernstzunehmende Wissenschaftler mahnen, daß es in nicht allzu ferner Zeit eine Katastrophe geben *muß*, wenn wir nicht schlagartig beginnen, mit unserem Planeten sorgsamer umzugehen. Es muß unbedingt etwas geschehen, die Frage ist nur was. Und die vielen, die den Ernst der Lage erkannt haben und auf Konsequenzen drängen, sind noch bei weitem zu wenige, um sich durchsetzen zu können. Sie scheinen machtlos. Denn der einzelne Mensch kann nichts verändern. Oder doch? Sind wir der Entwicklung schutzlos ausgeliefert, oder gibt es für uns (damit ist jeder einzelne gemeint) noch Handlungsspielraum, einen Ausweg?

Um zu verdeutlichen, wo meines Erachtens hauptsächlich die Gründe und auch die Lösungen für unsere Probleme zu suchen beziehungsweise zu finden sind, möchte einige Thesen vorstellen, die im einzelnen in diesem Buch näher beleuchtet werden:

1. Der Grund fast aller menschlicher Probleme ist *Angst*.
2. Es gibt keinen Zufall.
3. Jeder Mensch ist für *alles*, was ihm in seinem Leben begegnet, selber verantwortlich.
4. Wunder sind möglich. Wir können sie jederzeit in unserem Alltag erleben.
5. Alle Begrenzungen, die uns in unserer materiellen Welt begegnen, haben wir selbst geschaffen. Wir können sie jederzeit durch bewußte Entscheidung aufheben.

Dieses Buch verstehe ich durchaus als ein Plädoyer für eine lebenswerte Zukunft. Ich habe es ganz bewußt als ein positives Buch für unsere Zeit geschrieben. Aber dennoch, oder gerade deshalb, möchte ich an dieser Stelle auf einen gefährlichen Irrtum hinweisen. Wir leben auf dieser Erde in einer polaren Welt, das heißt es wird für uns immer zwei Seiten einer Sache geben. Daran wird auch »positives Denken« nichts ändern. Schwarz *und* weiß, heiß *und* kalt, schön *und* häßlich, gut *und* böse und so weiter gehören zusammen. Das eine ist mit dem anderen untrennbar verbunden. Wenn wir anfangen, das einzusehen und zu *akzeptieren*, dann öffnen sich uns ungeahnte Perspektiven. Solange wir dies allerdings nicht annehmen wollen und uns gegen vermeintlich Negatives permanent wehren, solange werden wir uns hilflos irgendwelchen Mächten oder Umständen ausgeliefert fühlen. Leben in dieser Welt ist immer eine Gratwanderung. Die Kunst besteht in dem »Sowohl-Als-Auch«. Nicht immerzu kämpfen, sondern die Dinge anschauen, sie willkommen heißen und durch sie lernen, das ist eine entscheidende Aufgabe für uns Menschen heute.

Es ist kein Zufall, daß vieles, was sich hier im Buch wiederfindet, auf Beobachtungen gründet, die ich auf medizinischem Gebiet, in der psychologischen Beratung von Menschen und den Erfahrungen mit Kindern machte. In diesen Bereichen hatte ich auch die meisten Schlüsselerlebnisse. Ich denke, daß sich diese Lebensbereiche darüber hinaus aber auch sehr gut als beispielhafte Grundlage für meine nachfolgenden Betrachtungen eignen. Denn jeder hat in seinem persönlichen Leben mit Kindern und auch mit Krankheit mehr oder weniger zu tun. Daher kann sich sicher jeder in die dargestellten Beispiele auch aus eigenem Erleben hineindenken. Allerdings sind die Erfahrungen und die Dinge, um die es in diesem Buch geht, keineswegs auf den medizinischen oder pädagogischen Bereich beschränkt, sie lassen sich auf alle anderen Ebenen unseres Lebens und alle anderen Fachgebiete übertragen.

Am Ende des Buches findet sich ein Literaturverzeichnis, die dort aufgeführten Titel sind zur Vertiefung dessen, was hier geschrieben ist, sehr gut geeignet. Diese Bücher und auch mein Buch sollen das Feuer für ein neues Denken und Handeln entfacht. Ich habe ganz bewußt Bücher mit positiven Perspektiven ausgewählt, denn es gibt (zu) viele Bücher, die Angst und Perspektivlosigkeit verbreiten. Zu dem unendlichen Angebot auf dem Buchmarkt kommen aber auch die anderen Medien (Fernsehen, Zeitungen, Internet etc.) noch hinzu. Wir werden heute geradezu überschüttet mit Informationen, mit Wissen und Halbwissen und leider auch mit sehr vielen Falschmeldungen. Denn es ist bei weitem nicht alles richtig, was uns da serviert wird. Ich möchte diesem Überangebot keine weitere Heilslehre hinzufügen. Mein Anliegen mit diesem Buch ist es, die Dinge einmal aus einem anderen Blickwinkel zu betrachten, mögliche Perspektiven aufzuzeigen, Anregung zum Nachdenken zu geben. Dabei möchte ich mich nicht verstecken hinter »wir« oder »man«, sondern den Leser – Sie – auch da direkt ansprechen, wo ich es für angebracht halte.

Es gehört Mut dazu, sich selbständiges Denken zu leisten – auch heute noch in unserer *scheinbar* so toleranten und freizügigen Gesellschaft. Aber dieser Mut wird reich belohnt. Jeder Mensch ist eine eigene Persönlichkeit, mit seiner eigenen Geschichte, seinen eigenen Stärken, Schwächen und Problemen. Deshalb kann es auch keinen allgemeingültigen, alleinseligmachenden Heilsweg geben. Niemand kann für *Sie* entscheiden, was richtig oder falsch ist. *Ihren persönlichen Weg* müssen Sie selber suchen, finden und dann auch *gehen*. Das ist mit Arbeit verbunden und verlangt Entscheidungen, oft auch unbequeme. Und es bedeutet vor allen Dingen auch, daß Sie Verantwortung übernehmen müssen, für sich, für Ihr Handeln und für die Konsequenzen, die sich daraus ergeben – und die sind sehr weitreichend. Ich stelle folgende Behauptung auf: Für alles, was Ihnen und um Sie herum geschieht, sind Sie verantwortlich. Ihr Denken, Ihre Überzeugungen, Ihre Gefühle und Ihr Verhalten schaffen ein Kraftfeld. Dieses Kraftfeld zieht wie ein Magnet die Dinge an, die ihm entsprechen. Wer sich beispielsweise immer nur mit Krankheit beschäftigt, muß letztlich krank werden. Sie können Ihr Leben bewußt in die eigene Hand nehmen oder Gefahr laufen, zum Spielball anderer zu werden – doch auch das wäre Ihre Entscheidung, die Sie allein zu verantworten hätten. Egal was geschieht beziehungsweise wofür Sie sich entscheiden, die Verantwortung dafür kann Ihnen niemand abnehmen, die tragen Sie ganz allein. Und nur Sie persönlich können den eingeschlagenen Weg auch ändern.

Ein Buch wie dieses birgt die ganz große Gefahr, daß es mißverstanden wird. Dessen bin ich mir bewußt. Oft ist es auch sehr schwierig, ein solches Thema in Worte zu fassen. Unsere sprachlichen Möglichkeiten sind sehr begrenzt. An vielen Formulierungen habe ich sehr lange gebastelt. Trotzdem ist es mir wohl nicht immer gelungen, das, was ich denke, in eindeutige Worte zu fassen. Und selbst wenn ich der Meinung bin, einen bestimmten Sachverhalt eindeutig ausgedrückt zu haben, ist es noch nicht gesagt, daß dieser Sachverhalt vom Leser mit seinem Verständnis und Empfinden genau so aufgenommen wird, wie ich ihn gemeint habe. Jeder Mensch hat seine eigene Geschichte, sein Erfahrungspotential – und daraus ergibt sich, daß jeder Worte und Begriffe mit seinen Inhalten und seiner persönlichen Bedeutung verknüpft. Nicht zuletzt wegen dieser sprachlichen Unwegsamkeiten möchte ich noch einmal darauf hinweisen:

Denken Sie selber! Denken Sie nach über das, was Sie lesen. Probieren Sie es aus, denn nur wenn es in *Ihrem* Leben auch funktioniert, können, nein dürfen Sie es übernehmen. Ich kaue niemandem etwas vor, und dieses Buch ist erst recht kein Fertiggericht.

Allerdings ist das auch Ihre ganz besondere Chance: *Sie können entscheiden! Sie müssen entscheiden!* Es ist Ihr freier Wille, Ihre ureigenste Wahl, wie Sie mit den Informationen dieses Buches umgehen. Gestalten Sie Ihr Leben und lassen Sie sich dabei von niemandem reinreden. Leben Sie Ihr Leben! Genießen Sie die Fülle der Möglichkeiten. Das Leben ist großartig – jeden Tag aufs neue. Die spannende Seite des Lebens spielt sich nicht vor dem Fernseher ab und ist nicht irgendwelchen Ersatzbeschäftigungen zu überlassen.

Legen Sie das Buch einmal zur Seite und schalten Sie für einige Augenblicke Ihren Verstand ab, der Ihnen immerfort dazwischenredet und der Sie dauernd zu bevormunden versucht. Hören Sie einmal genau hin, ob es da noch etwas anderes gibt, das sich zu Wort meldet, eine Stimme, die sagt: »Ja, das ist richtig! Das ist das, was ich schon immer gewußt habe. Endlich sagt es auch einmal jemand laut.« Diese Stimme ist Ihre Intuition.

Dieses Buch ist meine eigene Geschichte – und die ist keineswegs frei von Problemen. Das, was ich hier zu beschreiben versuche, habe ich im Laufe meines bisherigen Lebens durch eigene Schwierigkeiten und durch meine Arbeit mit Menschen als Therapeut, als Trainer und auch als Freund erfahren und lernen dürfen. Eines kann ich daher versichern: Was hier geschrieben steht, ist keine Theorie, sondern erlebte und erprobte Realität.

Sind wir noch zu retten?

*»Es hängt alles davon ab, wie wir die Dinge sehen,
und nicht davon, wie sie sind.«*

(C.G. Jung)

Wenn wir uns in unserer Umgebung umschauen, so sehen und hören wir rundherum Alarmierendes. Da sind zunächst die weltumspannenden Probleme der Wirtschaft und der Politik. Die letzte globale Bankenkrise haben wir gerade überstanden. Für und in Europa steht augenblicklich der Euro mit den wirtschaftlichen Problemen einiger Mitgliedsstaaten im Mittelpunkt, und noch vermag keiner zu sagen, wohin sich diese Krise entwickeln wird. Politisch sind die Brandherde noch viel zahlreicher: Afghanistan, Irak, der Nahe Osten mit dem Dauerproblem zwischen den Israelis und Palästinensern. Dann ist da der Streit um die Atombombe, wobei es gar nicht vorstellbar ist, was passiert, wenn ein Krisenland, eine radikale Regierung oder Terroristen einmal in den Besitz nuklearer Waffen kommen. Eine weitere detaillierte Aufzählung politischer Probleme erübrigt sich an dieser Stelle, das Einschalten einer Nachrichtensendung oder der Blick in eine Zeitung genügen und die ganze Fülle der Schwierigkeiten steht uns buchstäblich vor Augen.

Eines wird uns von vielen Seiten prophezeit: die ökologische Katastrophe. Chemische Verseuchungen, Verschmutzung der Weltmeere, Waldsterben, Regenwaldrodung und Zunahme der Wüstenflächen sind heute schon manifeste Realität. Die lange von Wissenschaftlern vorhergesagte Klimaveränderung zeigt bereits deutliche Auswirkungen. Die Ausmaße und die Häufigkeit beispielsweise von Überschwemmungen haben dramatisch zugenommen. China, Pakistan, Australien, Brasilien sind uns allen diesbezüglich sicher noch in Erinnerung. Die verschiedenen Naturkatastrophen wie Erdbeben, Unwetter und Überschwemmungen, Erdrutsche infolge von Dauerregen oder Dürre, und Flächenbrände, Treibhauseffekt, Polschmelze und das Ozonloch sind mit Sicherheit erste deutlich sichtbare Auswirkungen der Mißachtung von Natur und Umwelt durch den Menschen. Besonders deutlich und tragisch hat sich dieser Zusammenhang am Ölunfall im Golf von Mexico gezeigt.

Zu den Umweltkatastrophen kommt hinzu, daß Wasser- und Energiereserven in bedrohlichem Ausmaß abnehmen. Es ist eine unausweichliche Tatsache, daß global, also auch in unserem Lebensraum, alle Ressourcen von Jahr zu Jahr knapper werden. All dies sind ganz sicher brennende Fragen, auf die es bisher kaum eine oder gar keine Antwort gibt. Die Menschheit mit all ihrem Wissen, all ihren Erfolgen in Wissenschaft und Technik ist hier vollkommen hilflos und ratlos.

Die soziale Problematik ist ein weiteres brisantes Thema. Global gesehen haben wir ein immenses Gefälle zwischen Industriestaaten und Entwicklungsländern. Hierin liegt eine Menge Gewaltpotential. Aber auch innerhalb der reichen Länder werden die sozialen Gegensätze immer größer. Die Unruhen in Griechenland und Frankreich vor kurzer Zeit haben sehr drastisch gezeigt, daß es falsch ist, davor einfach die Augen zu verschließen. Die Arbeitslosigkeit und das Anwachsen der Zahl der Menschen, die dicht an oder sogar unter der Armutsgrenze leben, sind eine sehr aktuelle Bedrohung des sozialen Friedens sogar bei uns in Deutschland. Geradezu lächerlich, ja beinahe peinlich, ist in diesem Zusammenhang das Theater, das die Politiker um die Festlegung der neuen Hartz-IV-Sätze veranstaltet haben. Das man die Masse nicht auf Dauer bevormunden kann, hat man am Fall der Mauer 1989 gesehen. Und gerade jetzt zeigen die Ereignisse in Ägypten, Tunesien, Lybien und sogar dem Iran sehr deutlich, daß sich die Menschen nicht noch einmal weder von einer fanatischen Ideologie noch von einer diktatorischen Gewaltherrschaft auf Dauer unterdrücken lassen.

Und wenn wir in die einzelnen Zellen hineinschauen, aus denen sich unsere Gesellschaft zusammensetzt, die Familien, so finden wir auch hier durchweg Beunruhigendes. Geradezu forciert wird die Single-Kultur; Scheidungswaisen werden schulisch oder sogar sozial auffällig. Geborgenheit und eine darauf gegründete gesunde Entwicklung der Persönlichkeit gerade von unseren Kindern und Jugendlichen sind heute leider beinahe als Ausnahme zu betrachten.

Zu all dem kommen die Schwierigkeiten im medizinischen Bereich. Die Medizin steckt bezüglich ihrer Aufgabe, Krankheit zu heilen oder zu lindern, in einer tiefen Krise. So ist Krebs seit Jahrzehnten ein ungelöstes Problem. Hier ist noch längst keine Rettung in Sicht, und mit Aids, Alzheimer, MS sowie einer zunehmenden Zahl von Allergien stehen inzwischen einige weitere nahezu unlösbare Aufgaben vor der Tür. Unser Gesundheitswesen steht im Prinzip vor einem doppelten Problem: es verschlingt Unsummen an Geld, ohne daß irgendein Ansatz für nachhaltige Lösungen erkennbar ist. Jährlich werden Milliardenbeträge für Forschung und Krankheitsbekämpfung ausgegeben, aber der Erfolg steht dazu in keinem Verhältnis. Der finanzielle Kollaps ist in naher Zukunft unausweichlich.

Die Ausführungen hier sind keineswegs vollständig. Es ließen sich jederzeit und in jeder Hinsicht weitere Schwierigkeiten finden. Und sicher werden Probleme und Katastrophen in Zukunft zunehmen, wenn sich unser Umgang mit unserem Planeten nicht grundlegend ändert. Die aktuellen Krisen, insbesondere was unsere Umwelt betrifft – Wirbelstürme, Hochwasser, Waldbrände, Vogelgrippe, Schweinegrippe –, führen uns deutlich vor Augen, daß diese Problematik heute nicht mehr die Frage einer einzelnen Nation ist. Was mit der Natur geschieht, geht uns alle an. Es ist unser Lebensraum, es ist unsere Zukunft. In Anlehnung an einen bekannten Filmtitel drängt sich mir für die aktuellen Geschehnisse in unserer Umwelt eine bezeichnende Überschrift auf: »Das Universum schlägt zurück«. Und im Spiel dieser Kräfte, die hier wirken, sind unsere wissenschaftlichen Erkenntnisse und unsere technischen Möglichkeiten leider (oder vielleicht zum Glück) geradezu lächerlich.

Es geht mir mit diesen Schilderungen allerdings keineswegs darum, ein Katastrophenszenario zu zeichnen. Wie ich im Vorwort bereits sagte, gibt es genügend apokalyptische Schriften, denen ich keine weitere hinzufügen möchte. Nein ich möchte genau das Gegenteil mit diesem Buch erreichen: Perspektiven aufzeigen, Mut machen, eine Fackel anzünden und weiterreichen, um Menschen anzusprechen und zu finden, die mithelfen die neue Welt zu schaffen. Denn eines ist unmißverständlich klar: Lösungen müssen her – und zwar sofort!

Wo aber können wir Lösungsansätze suchen und vor allem finden? – In der Politik sicher nicht. Weltweit überwiegt auf der politischen Bühne Konzeptlosigkeit oder egoistisches Machtinteresse. Selbst wenn von politischer Seite etwas bewegt werden sollte, sind die zeitlichen Rahmenbedingungen hierfür absolut indiskutabel. Wir haben keine Zeit für jahrelange Verhandlungen, an deren Ende insuffiziente Maßnahmen beschlossen werden, die dann immerhin in 10 oder 15 Jahren Rechtsgültigkeit erlangen.

Von der Macht und dem Einfluß her gesehen, wäre eine Intervention seitens der Wirtschaft eher möglich. Doch die bis heute noch federführenden Entscheidungsträger sind in erster Linie auf schnellen Profit aus. Sie leben nach der Devise: Heute mit vollen Händen nehmen, was immer man bekommen kann. Die Zeche zahlen ja später andere. – Und dieser Maxime fallen langfristige ökologische Zielsetzungen natürlich zum Opfer.

Bleibt die Wissenschaft. Doch die ist mit ihrer konservativen Sichtweise einseitig ihrem materiell-technokratischen Denkansatz verhaftet. Und diese Einseitigkeit allein macht bahnbrechende Erfolge höchst unwahrscheinlich. Unsere heutige etablierte Wissenschaft geht von völlig falschen Prämissen aus. Und daher wird es auf wissenschaftlicher Grundlage niemals eine Lösung geben können.

Somit ist die »Bestandsaufnahme« abgerundet. Um es noch einmal zu sagen: Ich möchte keine apokalyptische Stimmung schüren.

Ich halte es für sinnlos und vor allen Dingen auch für sachlich absolut falsch, wenn immer wieder Horror-Visionen eines Weltunterganges verbreitet werden. Ich möchte vielmehr klar aufzeigen, wo wir stehen und daß es auf der wissenschaftlich-technokratischen Ebene sicher keine Lösungsmöglichkeiten für unsere globale Krisensituation mehr gibt und auch in Zukunft nicht geben wird. Wenn aktuelle Probleme mit den uns bekannten konventionellen Lösungsmustern nicht zu lösen sind, dann bleibt uns nur eine Möglichkeit: die eingefahrenen Gleise verlassen und etwas Neues versuchen. Bezogen auf die weltweiten Krisen unserer Zeit heißt das, daß wir endlich aufhören müssen, Problemlösungen einseitig auf der materiell-wissenschaftlichen Ebene zu suchen, und einsehen müssen, daß Logik und Verstand zu begrenzt sind für die Bewältigung der gegenwärtigen Aufgaben.

Die Schwierigkeiten unserer Zeit sind viel zu umfassend. Wollen wir mit ihnen fertig werden, brauchen wir ebenso komplexe Ansätze für Gegenmaßnahmen. Wenn ein Ausweg zum Erfolg führen soll, dann muß er auf völlig neuen Grundlagen basieren. Er muß *ganzheitlicher* Natur sein. Logik und Verstand sind einseitig, sie sind nur ein Pol der Wirklichkeit. Die Intuition, mentale Kräfte, unsere Gefühlsebene, ja alles, was uns überhaupt an Kräften zur Verfügung steht, muß für diese große Aufgabe mobilisiert werden.

Probleme haben aber noch eine ganz andere Dimension, die bis heute nur sehr wenige Menschen sehen. Sie sind nicht nur lästige Hindernisse auf unserem Weg, sie sind auch eine Aufforderung, weiterzugehen, nicht stehenzubleiben, einen Entwicklungsschritt zu wa-

'gen. Probleme können Warnsignale sein, Hinweise darauf, daß etwas nicht stimmt. Wenn wir diese ignorieren, wird uns das Wachsen unserer Schwierigkeiten früher oder später zum Handeln zwingen, wenn wir nicht untergehen wollen. Wir *müssen* unseren Entwicklungsschritt wagen. So immens, wie die Weltprobleme sich der Menschheit heute in den Weg stellen, muß seit längerem einiges grundlegend schief laufen. Bereits viel zu lange sind die Signale ignoriert worden. So gesehen ist die erste Maßnahme für unsere Zukunftsbewältigung, daß wir uns einfach einmal hinsetzen und uns die Sachlage in Ruhe anschauen. Dadurch können wir die Einsicht erlangen, was uns die Schwierigkeiten sagen wollen. Und diese vermag es dann, daß wir einer Lösung vermutlich um ein Vielfaches näherkommen als unsere bisherigen unermüdlichen Gegenmaßnahmen, nach denen wir permanent Ausschau halten und die wir krampfhaft umzusetzen versuchen. Möglicherweise ist der eigentliche Sinn dieser Sackgasse, auf deren Ende wir uns mit rasendem Tempo hinbewegen, diese scheinbare Ausweglosigkeit, nur die nachdrückliche *Aufforderung*, unser Leben endlich auf einer neuen Ebene fortzusetzen.

Es gibt eine reale Chance für eine Kurskorrektur. Wir werden dafür allerdings, wie wir oben gesehen haben, keine Lobby finden. Aber das Großartige an dem möglichen Ausweg ist, daß wir dafür auch gar keine Lobby brauchen. Wir sind nämlich überhaupt nicht auf die breite Masse und deren Mithilfe angewiesen. Jeder kann für sich ganz persönlich anfangen, etwas zu ändern: an seinem Handeln und vor allen Dingen an seinem Denken. Der Neuanfang, die Wende, muß schnellstens verwirklicht werden. Wenn es bislang noch keine einflußreiche Gruppe gibt, die sich verantwortlich fühlt, dann muß die *Wende* eben von einzelnen eingeleitet werden. Wir müssen aufhören, darauf zu warten, daß andere etwas tun. Jeder von uns kann, ja muß bei sich selber anfangen, je eher, desto besser. Die kleinste Änderung, die ein einzelner Mensch vornimmt, wird ebensolche Kreise ziehen, wie es ein Stein tut, der ins Wasser geworfen wird.

Es gibt Lösungen! Sie sind vorhanden und jedermann zugänglich. Alles andere sind faule Ausreden. Dieses Wissen um die Existenz von Lösungen ist die Basis für die Änderung der bestehenden Situation. Und das ist weder eine verwegene Utopie, noch der weltfremde Traum irgendwelcher Spinner. Unser Leben spielt sich nicht horizontal-linear ab. Auch wenn uns das unsere Wissenschaftler, Lehrer und die Mächtigen in dieser Welt immer noch weismachen möchten. Die sichtbare Wirklichkeit ist nur der kleinste Ausschnitt aus der gesamten *All*-umfassenden Realität. Wirkliche und effiziente Lösungen kann es somit nur geben, wenn ein völlig neuer Denkansatz alle Wirklichkeitsebenen mit einbezieht. Das Weltbild, das fast alle Menschen heute noch für die Wirklichkeit halten, ist lange überholt. In unseren Schulen wird beispielsweise eine Physik gelehrt, die der Vergangenheit angehört. Mit den Entdeckungen Einsteins, mit der Relativitätstheorie haben sich auch die Grundlagen der Physik sehr entscheidend verändert. Diese neuen Erkenntnisse werden unter dem Begriff »Quantenphysik« zusammengefaßt. Ihre Theorien und Entdeckungen zeigen deutlich, daß das alte lineare Modell von Ursache und Wirkung heute als Denkfehler angesehen werden muß. Die Quantenphysik beweist, daß der Ausgang eines physikalischen

Experimentes maßgeblich von der Erwartungshaltung, vom Denken der Wissenschaftler abhängig ist, die den Versuch durchführen. Das heißt also: Unser Denken ist entscheidend an der Entstehung unserer Realität beteiligt. Die moderne Quantenphysik liefert zahlreiche Beweise auf wissenschaftlicher Grundlage dafür, daß eine neue Welt nicht nur in Zukunft möglich ist. Sie existiert bereits. Der Großteil der Menschen hat dies nur noch nicht entdeckt.

DIE ETABLIERTE WISSENSCHAFT – DAS MONOKAUSALE DENKEN

»Statistiken sind der Triumph der quantitativen Methode, und die quantitative Methode ist der Sieg der Sterilität und des Todes.«

(Hilaire Belloc)

Die Bestandsaufnahme im letzten Kapitel ist wenig ermutigend. Die Herausforderungen unserer Zeit sind gewaltig, und ich denke, daß wir diese nicht länger allein der Wissenschaft überlassen können. Zu lange schon tritt sie erfolglos auf der Stelle. Sie hat ihre mangelnde Kompetenz für eine Lösung der gegenwärtigen Probleme bereits hinreichend unter Beweis gestellt. Dabei will ich die großen Errungenschaften und Erfolge der wissenschaftlichen Forschung der vergangenen Jahrhunderte keinesfalls schmälern und in Frage stellen. Das monokausale Denken hatte durchaus seine Berechtigung, ja es war sogar notwendig, um Grundlagenkenntnisse zu sammeln. Aber es ist Zeit zu erkennen, daß die Phase der Grundlagenforschung nun vorüber ist. Dem Forscherdrang des Menschen, aus dem die Wissenschaft ja entstanden ist, verdanken wir die Erfindung des Rades, der Elektrizität, der Maschinenbautechnik, des Computers und vieles anderes. Der Fortschritt der letzten Jahrtausende von der Erfindung des Rades bis in unsere technisierte Gegenwart ist ein Erfolg des menschlichen Verstandes und des wissenschaftlichen Den-

Sechs Blinde beschreiben einen Elefanten.

kens. Ohne sie gäbe es unsere heutige Welt so nicht. Und diese Welt hat viele schöne und positive Seiten zu bieten.

Doch heute steht die konservative Wissenschaft einer Fülle von für sie unlösbaren Fragen gegenüber. Sie hat in der Vergangenheit nämlich nicht nur Lösungen gefunden, sondern auch eine Unzahl von Schwierigkeiten heraufbeschworen. Die etablierte Wissenschaft hat nämlich seit langem das Problem, daß sie nur Teilaspekte einer Sache betrachtet, so wie die Blinden in der obigen Abbildung. Dabei geht der Blick für das Ganze, das Verständnis für die tieferen Zusammenhänge verloren. Moderne Forschung vereinfacht und reduziert Dinge, um sie besser beobachten und analysieren zu können.

Insbesondere die Medizin geht bis heute in sehr vielen Fällen von Prämissen aus, die sie durch Beobachtungen an unbelebter Materie gewonnen hat. Diese Erkenntnisse, von denen viele die Qualität einer Arbeits-Hypothese haben, werden völlig unkritisch auf den Bereich der belebten Natur übertragen. Solch eine Arbeitsweise ist nicht wissenschaftlich, sie ist unseriöse und kann daher letztlich nicht zum Erfolg führen. Dazu kommt außerdem noch, daß Forschungsergebnisse, die nicht in das gewünschte Bild passen, einfach ignoriert werden. Und nicht nur das: Forscher werden gegebenenfalls einfach aus dem Verkehr gezogen, wenn ihre Ergebnisse aus wirtschaftlicher, politischer oder dogmatischer Sicht nicht erwünscht sind. Die harmloseste Variante ist hierbei die Streichung von Forschungsgeldern. Aber die Repressalien können auch weit bedrohlichere Formen annehmen. Als Beispiel sei hier an den Fall von Dr. Hamer erinnert: Dr. Hamer hat in seiner medizinischen Arbeit während der 1990iger Jahre die Zusammenhänge der Krebsentstehung mit psychischen Konfliktsituationen erkannt. Auf Grund seiner Arbeit und Erkenntnisse hat er behauptet, daß Hirntumore eigentlich keine Tumore sind, sondern ein Konfliktlösungsmechanismus auf der »biologischen Ebene«. Dr. Hamer proklamierte dies als die Hamerschen Herde. Aufbauend auf dieser Erkenntnis behandelte Dr. Hamer seine Krebspatienten, indem er ihnen half, die der Erkrankung zu Grunde liegenden Konflikte zu erkennen und zu lösen. Und er war mit dieser revolutionären Krebstherapie bei seinen Patienten sehr erfolgreich. Allerdings paßten diese Entdeckungen und Behandlungsmethoden nicht in das medizinische Weltbild – und so wurde Dr. Hamer kurzerhand die Zulassung als Arzt entzogen.

Wer sich mit dem Dilemma, in dem sich die Wissenschaft heute befindet, und mit den vielen Ungereimtheiten der Forschung ausführlich auseinandersetzen möchte, der kann die beiden Bücher *»Der große Schwindel«* und *»Newtons Koffer«* von Frederico Di Trocchio lesen. Ein Beispiel für die Situation der heutigen Wissenschaft, das auch Frederico Di Trocchio anführt, möchte ich hier aber erwähnen: Obwohl heute sehr wohl bekannt ist, daß Gregor Mendel seine Ergebnisse zur Vererbungstheorie nicht berechnet hat und daß zudem seine Forschungen Unstimmigkeiten aufweisen, wird die Behauptung der mathematischen Berechenbarkeit der Vererbungslehre in den Biologiebüchern nach wie vor abgedruckt und unbeirrt weitergelehrt. – Das ist leider symptomatisch für die Arbeits- und Vorgehensweise der heutigen Wissenschaft. Aus der Problematik um Mendel können wir aber auch lernen, daß sich die Komplexität des Lebens jeder Form exakter wissenschaftlicher Beobachtung entzieht. Viel zu viele Interaktionen auf unterschiedlichen Ebenen zur gleichen Zeit machen eine fundierte wissenschaftliche Analyse *unmöglich*. Natur und Leben lassen sich nicht sezieren und auf Teilaspekte reduzieren. Das Ganze ist mehr als die Summe seiner Teile. Gerade diese unfaßbare Komplexität ist der medizinischen Wissenschaft zum Verhängnis geworden. Krebs ist bis heute ein ungelöstes Problem, das niemals im Labor gelöst werden kann. Das gleiche gilt für Aids, Alzheimer und andere Krankheiten. Auch der Griff nach den Sternen mittels Gentechnologie wird keine Lösung bringen. Ich befürchte, die Gentechnologie wird das letzte, vielleicht endgültige Fiasko der Wissenschaft werden.

Das Verlangen nach Erkenntnis und der Wunsch, selber Gott zu sein, führten zum Sturz des Menschen aus dem Paradies in die polare Welt, die Welt der Materie. Wenn der Griff des Menschen nach den Sternen jetzt mittels Wissenschaft und Gentechnologie weiterhin allein am Seziertisch festgemacht wird, dann *kann* der Mensch nur scheitern. Hingegen ist die synergistische Betrachtungsweise wohl der einzige Weg zum Erfolg. Wahre, tiefe Erkenntnis ist ein Stück Gnade. Sie hat sehr weitreichend mit Einsicht und einem Verständnis zu tun, das nur durch demütige Öffnung für das Göttliche in uns erlangt werden kann. Sie ist ganzheitlicher Natur und wird nur durch den harmonischen Einklang von Körper, Seele und Geist erfahren, aber niemals vom Verstand alleine erobert werden können.

Eine Epoche ist vorbei. Wir können sagen, daß die materiell ausgerichtete Wissenschaft ungefähr die letzten Jahrhunderte unserer Geschichte eine Vormachtstellung hatte, zunächst unter der Schirmherrschaft der Kirche, später wurde die Wissenschaft für viele beinahe selber zu einer Religion, sie trat an ihre Stelle. Aber diese Zeit ist jetzt zu Ende. Fortschritt ist Entwicklung. Und dieser Fortschritt stößt heute auf materiell-wissenschaftlicher Basis gleich auf drei unüberwindliche Begrenzungen. Erstens lassen sich trotz intensivster Anstrengungen keine effizienten Lösungen für die großen Gegenwartsprobleme finden, zweitens zeigt sich in zunehmendem Maße, daß die immense Datenfülle, die uns die wissenschaftliche Forschung der letzten Jahrzehnte beschert hat, jedwedes Fassungsvermögen sprengt. Schon lange gibt es kein Fachgebiet mehr, das ein einziger Fachmann überblicken kann. Dies führte zur Schaffung spezieller Untergebiete der einzelnen Fachbereiche. Wir können die Details unserer Welt immer genauer untersuchen und erklären, aber der Überblick und das Verständnis für das Ganze geht uns dabei immer mehr verloren. Das interdisziplinäre Verständnis für Zusammenhänge bleibt mehr und mehr auf der Strecke. Dieser Prozeß steuert auf einen Crash zu, denn weltweit wächst das Wissen heute wesentlich schneller als ein Mensch überhaupt lernen kann. Sehen wir nicht endlich ein, daß wir diesen Wettlauf unwiderruflich verlieren werden, und beginnen wir nicht, auch in dieser Hinsicht nach neuen Strategien und Lösungsansätzen zu suchen, dann haben wir es in Zukunft mit einem wachsenden Heer von autistischen Fachidioten zu tun und immer weniger mit ernstzunehmenden Wissenschaftlern.

Leben verläuft nicht horizontal-linear, und trotzdem versucht die Wissenschaft, durch lineare Untersuchungsmethoden den Geheimnissen des Lebens auf die Spur zu kommen. *Mono*kausalität ist ein Paradigma der heutigen wissenschaftlichen Forschung bei allen ihren Experimenten. Die Reduzierung des Lebens auf der Erde auf eine eindimensionale Betrachtungsweise stellt eine unzulässige Vereinfachung dar. Selbst wenn wir unser Weltbild aufs Primitivste reduzieren, leben wir in einer vierdimensionalen Welt, in der darüber hinaus eine unüberschaubare Anzahl von vitalen Prozessen und Reaktionen auf zudem unterschiedlichsten Ebenen ablaufen. Wissenschaftliche Forschung auf der Basis von Monokausalität mutet daher geradezu lächerlich an. Andererseits braucht die Forschung für exakte Ergebnisse die Monokausalität deshalb, weil bei der Berücksichtigung einer möglichen Vielzahl von ursächlichen Faktoren die Datenfülle vollkommen unüberschaubar würde. Interaktionen zwischen einzelnen Kausalfaktoren wären darüber hinaus gar nicht zu erkennen. Monokausalität gibt es aber niemals im realen Leben, in der belebten Natur.

Doch Monokausalität ist gar nicht das eigentliche Problem, sondern Kausalität an sich wurde von der Wissenschaft vorschnell postuliert. Die Annahme der Kausalität ist möglicherweise eines der größten Irrtümer der etablierten Wissenschaft. Denn ein Beweis für die Richtigkeit der Kausalitäts-Hypothese steht bis heute aus! Bei korrekter Betrachtung der scheinbaren Kausalität von Ereignissen läßt sich lediglich eine *Gleichzeitigkeit* bestimmter Erscheinungen nach dem Prinzip »immer wenn..., dann« beobachten. Wir sehen zum Beispiel, daß bei bestimmten Krankheitsbildern immer eine gewisse Art von »Erregern« im Spiel ist. Was aber niemals gesagt werden kann, ist, daß diese Viren oder Bakterien tatsächlich die Ursache der betreffenden Erkrankung sind.

C. G. Jung prägte in diesem Zusammenhang den Begriff »Synchronizität«. Diese Synchronizität bestimmter Ereignisse ist eine faszinierende Angelegenheit. An anderer Stelle werde ich darauf noch ausführlicher zu sprechen kommen und auch versuchen, anhand von praktischen Beispielen diesen Sachverhalt verständlich zu machen. Hier nur soviel: Synchronizität bedeutet, daß eine vordergründige, äußerlich materielle Veränderung lediglich ein Kennzeichen dafür ist, daß sich in anderen nicht sichtbaren Ebenen ebenfalls etwas verändert. Hierbei von Ursache und Wirkung zu sprechen, ist höchst fragwürdig. Selbst wenn Kausalität für gegeben gehalten wird, bleibt die uralte Frage nach der Reihenfolge: Wer oder was war zuerst da, die Henne oder das Ei? Das bedeutet: Ist das, was wir auf der sichtbaren materiellen Ebene sehen, wirklich die Ursache oder ist es die Folge. Sind die Bakterien der Auslöser einer Krankheit, oder sind sie lediglich der Indikator für einen maroden Zustand des Individuums, in dem sie sich einnisten konnten. Und ist dieser marode Zustand an sich für das Kränkeln und die »Symptomatik« verantwortlich, die wir auf das Konto der Erreger verbuchen. Viele unbeantwortete Fragen!

Neben dem Fehlen effizienter Lösungen und der fraglichen Kausalität ist das dritte Problem der etablierten Wissenschaft, daß sie sich – aller praxisorientierten Ein-Sicht zum Trotz – bis heute lediglich mit der materiellen Seite der Realität beschäftigt. Sie ignoriert dabei standhaft die Ganzheitlichkeit, die Existenz von Seele und Geist in allen Dingen, die es in dieser Welt gibt. Solange sich die Forschung ausschließlich auf die unbelebte Materie beschränkt, sind diese Vereinfachungen in der wissenschaftlichen Betrachtungsweise in ihrer Auswirkung noch nicht so gravierend. Wird die Welt aber in holistischem Sinne betrachtet, so sind die Folgen einer derartig primitiven Verfahrensweise schlicht fatal. In einem Artikel der Zeitschrift *Raum & Zeit* (Nr. 100, August 1999) über die Entdeckung der Pentagonalen Energie-Struktur unserer Erde beklagt Siegfried Prumbach, daß die etablierte Wissenschaft sich in ihrer Arbeit immer mehr auf die reine Materie beschränkt. In seinem Beitrag zitiert er Wolf Singer, einen Vivisektions-Fanatiker aus Frankfurt, wie folgt: *»Der Mensch ist Materie, und alles was ihn ausmacht, läßt sich zurückführen auf die Verknüpfung der Milliarden Nervenzellen seines Gehirns.«* Prumbach selbst fährt fort: *»Mit anderen Worten, Professor Singer hat das Hirn untersucht und nichts finden können, was man als Geist bezeichnen könnte. ... Er versucht sozusagen, den Inhalt eines Films dadurch zu erfassen, daß er das Band des Films atomisiert, oder anders ausgedrückt, er versucht, den Fernsehapparat auseinanderzunehmen, um festzustellen, woher die Schauspieler kommen, die auf dem Schirm gerade noch zu sehen waren. Diese Art Primitiv-Wissenschaft muß in die Katastrophe führen.«* – Im hier beschriebenen Fall von Professor Singer wurde zum Zwecke der Forschung vielen Affen bei lebendigem Leibe und ohne Narkose das Hirn aufgebohrt. Auch hinsichtlich solcher Methoden, mit der derartige »Wissenschaftler« ihre

Wissenschaft braucht den Blick für das Ganze, für die Einheit, die allem Leben und Sein zugrunde liegt. Nur dann kann sie letztlich Erfolg haben. Das Bild der Monade ist ein großartiges Beispiel, um diese Einheit zu verstehen. In diesem Bild wird die Einheit durch den Kreis symbolisiert, doch sie besteht aus den schwarzen und weißen Teilen. Die Einheit kann nur gefunden, nur gesehen werden, wenn beide Bestandteile zu einem Ganzen zusammengefügt werden.

hirnlosen Erkenntnisse gewinnen, kann man eigentlich nur noch von einer Bankrotterklärung der Wissenschaft sprechen. Dem ist meines Erachtens nichts mehr hinzuzuügen.

Eines steht fest: die materielle Ebene ist gewissermaßen ein Spiegelbild der Vergangenheit, denn was sich heute in der sichtbaren Welt manifestiert, sind die Gedanken und Energien von gestern. Beispielhaft dafür ist die Forschung des Mittelalters. Die Ideen und die gewonnenen wissenschaftlichen Erkenntnisse dieser Zeit haben mehr unsere Gegenwart geprägt als die unserer Vorfahren. Ihr Wirken war damals genauso neu, unkonventionell, ja oft sogar ketzerisch (bezogen auf das, was allgemein gedacht wurde oder was gedacht werden durfte), wie es eben die Ideen und Gedanken unserer heutigen, wahren, eigentlichen Forscher und Vordenker sind. Und die werden von der etablierten Wissenschaftsgemeinde ebenso geächtet und verfolgt wie die Forscher des Mittelalters von der Kirche verfolgt wurden.

Wissenschaft muß kreativ, innovativ und flexibel sein. Das bedeutet aber zwangsläufig, daß sie auch immer ein Stück weit den gesicherten Boden der Erkenntnis verlassen muß. Sie muß sich per definitionem auf das Neue und Unbekannte einlassen. Für die heutige Zeit heißt das: Will die Wissenschaft brauchbare Antworten auf die Fragen unserer Epoche finden, Antworten, die Lösungsansätze enthalten, dann muß sie die nicht-sichtbaren energetischen Aspekte des Seins in ihre Überlegungen mit einbeziehen. Sie darf nicht länger nur den sichtbaren, den materiellen Pol der Wirklichkeit als alleinige Realität anerkennen. In der Medizin ist dieser Schritt bereits teilweise vollzogen, insbesondere in der Naturheilkunde. Und der französische Physiker Jean Émile Charon (1920-1998) hat mit der »Einführung des Geistes« als berechenbare Größe in die Physik *die* revolutionäre Grundlage für eine moderne Wissenschaft gelegt.

Im Mittelalter wurde die Naturwissenschaft als ketzerisch angesehen und verfolgt. Und heute ist es so, daß das, was nicht ins wissenschaftliche Weltbild paßt, von der institutionalisierten Wissenschaftsgemeinde verfolgt und verteufelt wird. Sie hat sozusagen die Rolle der Kirche des Mittelalters eingenommen und bekämpft alle kreativen Denkansätze mit allen ihr zur Verfügung stehenden Mitteln als gefährlich und ketzerisch. Zwar verbrennt die moderne Inquisition niemanden mehr auf einem Scheiterhaufen, aber der Bann durch Entzug der Achtung, der Anerkennung und damit der wirtschaftlichen Existenzmöglichkeit ist durchaus ein probates Mittel moderner Ächtung und kommt einer Vernichtung durch Hinrichtung sehr nahe.

Es gibt heute zahlreiche Phänomene, die für die Wissenschaft unerklärlich sind, dazu gehören zum Beispiel die Morphogenetischen Felder, das Bewußtsein von Pflanzen oder auch Nahtoderfahrungen. Sie dürfen nicht länger ignoriert werden. – Es war in der Entwicklungsgeschichte der Menschheit schon sehr oft so, daß das, was in der Gegenwart als Utopie angesehen wurde, in der Zukunft Realität wurde. Heute scheinen wir das vergessen zu haben. Etwas für möglich zu halten, ist der erste Schritt hin zu einer Veränderung. Alle Erfindungen beruhen auf diesem Prinzip. Es wird Zeit für einen Neuanfang. Höchste Zeit!!

Ich möchte dieses Kapitel über die Wissenschaft mit einem schönen Beispiel dafür, daß es in unserem Alltag immer wieder Phänomene gibt, die die Wissenschaft bis heute nicht erklären kann, obwohl wir sie täglich beobachten können (in diesem Fall im Sommer), beenden: Nach physikalischen Gesetzmäßigkeiten kann eine Hummel überhaupt nicht fliegen. Denn werden Größe und Gewicht berechnet und ins Verhältnis zur Flügelfläche gesetzt, ist dies nach aerodynamischen Gesichtspunkten unmöglich. »Nur die Hummel weiß das nicht, und deshalb fliegt sie dennoch«, bemerkte dazu einmal jemand ironisch.

WAS WIR VON KINDERN LERNEN KÖNNEN

»Kinder werden als Riesen geboren,
doch mit jedem Tag, der dann erwacht,
geht ein Stück von ihrer Kraft verloren,
tun wir etwas, das sie kleiner macht.
Kinder versetzen solange Berge,
bis der Teufelskreis beginnt,
bis sie wie wir erwachs'ne Zwerge,
endlich so klein wie wir Großen sind.«
(Reinhard Mey: *»Du bist ein Riese, Max«*)

Kinder kennen die Trennung von körperlichem Sein, Gefühlen und Denken nicht. Sie zergliedern ihr Leben auch nicht in zeitlicher Hinsicht. Sie leben im Augenblick. Sie leben in der Einheit. *Ja sie leben die Einheit.* Es ist faszinierend, wie Kinder mit dem Leben umgehen. Ich bin überzeugt, Kinder wissen viel mehr über die Zusammenhänge dieser Welt als wir Erwachsenen. Aber wir belächeln sie. Wir halten sie für einfältig und manchmal dumm. Kinder müssen erst einmal etwas lernen über die Gefahren und den »Ernst« des Lebens. Doch dies ist ein tragischer und folgenschwerer Irrtum der Erwachsenen. Kinder sind weder dumm noch unverständig. Sie sind weise. Sie verfügen noch über eine ursprüngliche Verbindung zu Gott, zu der Quelle, aus der sie gekommen sind, zu der kosmischen Energie, die dieser Welt Leben verleiht. Sie können sich an ihre Herkunft noch erinnern. Kinder haben erstaunliche Fähigkeiten. Doch statt ihnen bei der *Entwicklung* dieser Fähigkeiten zu helfen, statt von Kindern und mit Kindern zu lernen, machen wir ihre innere Stärke systematisch kaputt. Kinder müssen ja schließlich erzogen werden. Wir belächeln sie, reden ihnen ihre Kraft und ihr Wissen aus und trichtern ihnen dafür ein, was sie für dieses Leben brauchen und welche (Natur-)Ge-setze auf dieser Erde Gültigkeit haben.

Täglich können wir dutzendfach Beobachtungen machen, die uns die Richtigkeit dieser Aussagen bestätigen. An meinen eigenen Kindern habe ich gelernt, diese Zusammenhänge zu sehen. Da spielt beispielsweise mein kleiner Sohn mit drei Jahren im Garten. Er hat eine volle Limonadenflasche und schenkt sich ein Glas ein – natürlich geht dabei das meiste daneben. Instinktiv bin ich versucht, ordnend einzugreifen. Doch glücklicherweise wird mir noch rechtzeitig bewußt, was ich in diesem Moment mit meiner Intervention zerstören würde. Leider komme ich nicht immer rechtzeitig zu dieser Einsicht. – Wir müssen uns bewußt machen, was wir durch unnötiges Reglementieren alles zerstören. Nach einer amerikanischen Untersuchung hören Kinder das Wort »Nein« statistisch gesehen ungefähr 60-mal an einem Tag. Ich denke, dies bedarf keines weiteren Kommentars.

Beobachten Sie einmal in Ihrer Umgebung den üblichen Umgang von Erwachsenen mit (ihren) Kindern. Oftmals sträuben sich einem sämtliche Haare dabei. Erwachsene sind leider oft eine Bedrohung für die Kinder, für ihre Entwicklung, ihr Wachstum. Und wegen ihres borniertes Verhaltens geht den Erwachsenen selbst – und das ist dramatisch – einiges verloren: Erkenntnis, Chancen für die eigene *Entwicklung*, Einsichten in die wunderbare Ordnung und in die kosmische Zusammenhänge. Dessen berauben sie sich durch ihre selbstgefällige Arroganz den Kindern gegenüber.

Es ist ein Erlebnis zu sehen, wie Kinder mit Problemen fertig werden. Sie haben eine ungeheuere Leichtigkeit in ihrem Leben. Sie lösen viele Schwierigkeiten einfach durch eine andere Sichtweise. Und sie reiben sich vor allen Dingen nicht an Tatsachen auf, die nun einmal nicht zu ändern sind. Auf besonders drastische Art und Weise können wir diese Zusammenhänge bei krebskranken Kindern beobachten. Sie gehen oft mit einer fast erschreckenden Leichtigkeit mit ihrer Krankheit um. Und wir Erwachsenen, die es ja wie immer besser wissen, schreiben diese Leichtigkeit der Unwissenheit der Kinder zu. Wie schief wir aber mit unserer oberflächlichen Einschätzung liegen, wird spätestens klar, wenn uns diese Kinder dann einen Einblick in ihr Verständnis vom Tod gewähren. Spätestens dann sehen wir (die Erwachsenen) dumm aus. Ein Buch, das in hervorragender Weise von solchen wissenden Kindern berichtet, ist *»Guten morgen, lieber Tag«* von Erma Bombeck. Darin steht folgendes: *»Und Krebs? Ist das nicht wirklich eine sehr harte Prüfung? Und trotzdem hat niemand diese Kinder darüber belehren müssen, wie sie damit umzugehen haben. Für sie ist es ein Umweg – eine Umleitung ... fünfzehn Kilometer schlechte Wegstrecke in ihrem Leben, und sie nehmen sie schrittweise in Angriff, jeden Tag ein paar*

Schritte. Hätten wir das gedacht? Oder haben wir es nur vergessen? Ich mußte sie kennenlernen, um es zu begreifen – und mich fragen, wann das Kind in mir verlorengegangen war. Wann war ich so unbeweglich geworden, daß ich nicht mehr mit den Kindern Ball spielen konnte, weil ich den Kühlschrank auftauen oder den Geschirrspüler leer räumen mußte? ... Wie lange war es her, daß ich eine wertlose Glasscherbe betrachtet und Diamant getauft hatte, weil ich die Kraft und den Optimismus besaß, etwas ganz nach Belieben in etwas anderes zu verwandeln.«

Wir wollen unsere Kinder *erziehen*, statt sie zu beobachten und von ihnen zu lernen. Jesus, einer der größten weisen Lehrer unserer Erde, sagte vor über zweitausend Jahren schon: »Wenn ihr nicht werdet wie die Kinder, dann könnt ihr den Himmel nicht erreichen.« Diese Worte sind den meisten in christlicher Tradition aufgewachsenen Menschen zwar gut bekannt und es geht ihnen – wie bei vielem, was wir gut kennen – leicht, aber leider auch achtlos über die Lippen. Wie oft sagen wir etwas ohne Überlegung dahin oder hören nur mit halbem Ohr hin, da wir vieles ja bereits schon sehr oft gehört haben! Über die Tiefe und Tragweite des Gesagten machen wir uns aber keine ernsthaften Gedanken. So ist es auch mit den Jesus-Worten, sie haben eine sehr tiefe Bedeutung. Sie entspringen der elementaren *Ein*-Sicht, daß Kinder sehr viel mehr sind als kleine, unfertige Erwachsene. Kinder sind die eigentlichen Träger dieser Welt. Sie sind die Brücke zu Gott, die Brücke in unsere Zukunft. Kinder sind die Rettung für uns und für diese Erde. Und wir haben das einmalige Vorrecht, von ihnen und mit ihnen zu lernen.

Kinder sehen Lösungen, wo es nach unserem Erwachsenenverständnis keine gibt. Ja viele Kinder sehen ohnehin Dinge, die Erwachsene nicht sehen können oder erst wieder lernen müssen zu sehen. Es ist ein sinnreiches Paradoxon, daß wir gerade mit dem Sehen zu beweisen versuchen, daß allein die materielle Welt real existent ist. Denn gerade das Sehen ist eine äußerst subjektive Angelegenheit. Zunächst einmal ist da die physikalische Besonderheit, daß das Bild, das unsere Augen wahrnehmen, nämlich auf dem Kopf steht. Unterbewußt lernt ein Kind sehr bald, das Bild, das ihm das Auge liefert, einfach herumzudrehen. Hierin liegt zweifelsohne bereits die erste gravierende Manipulation, die wir bei der Verarbeitung des Gesehenen vornehmen.

Auch sprachlich betrachtet ist das Sehen höchst interessant. Wir sprechen davon, daß wir richtig sehen lernen müssen, wir sprechen von einem Blickwinkel oder vom richtigen Standpunkt, um etwas (besser) sehen zu können. Es gibt Betriebsblindheit und Menschen, die mit Blindheit geschlagen sind. Diese Redewendungen geben uns einen tiefen Einblick in die Problematik des Sehens. Sie zeigen uns, daß Sehen alles andere als objektiv ist.

Was ist richtig, was falsch? Wer kann uns diese Frage verbindlich beantworten? Es gibt niemanden, der für uns dieses Problem löst! Die Antwort müssen wir selber finden. Das Leben ist eine Gratwanderung, ein Abenteuer. Allgemeingültige Antworten kann es nicht geben und wird es niemals geben können. So wie das Bild, das auf dem Kopf steht, durch unser Bewußtsein umgedreht wird, wird möglicherweise auch das, was wir sehen, in anderer Hinsicht gefiltert, ohne daß wir dies merken. Denn das Sehen ist nicht nur in optischer Hinsicht ganz eng an das *Erkennen* gekoppelt. Auch beim geistigen Verarbeitungsprozeß kann es zu »Fehlsichtigkeiten« kommen, die unser Erkennen stark beeinträchtigen – ähnlich wie bei einem Sehfehler, beispielsweise bei Kurzsichtigkeit, wo wir optisch zwar etwas wahrnehmen, es aber nicht *erkennen* können. Sehen ohne tiefere Erkenntnis bezüglich des Gesehenen ist sinnlos. Und unsere Erkenntnisfähigkeit ist sehr eng an den Stand unserer Bewußtseinsentwicklung, an unsere Wahrnehmung und unsere Resonanzfähigkeit gebunden. Wer sagt uns denn, daß Kinder »spinnen«, wenn sie gewisse Phänomene *sehen,* nur weil diese unseren Augen nicht (mehr) zugänglich sind. Es gibt Engelwesen, es gibt eine Aura und es gibt durchaus ernstzunehmende Berichte von Menschen, die diese Phänomene sehen können. Warum soll es nicht noch andere Dinge geben, die wir mit offenen, nicht manipulierten Augen sehen könnten?

Realität, insbesondere die sichtbare, ist jedenfalls etwas sehr Subjektives (siehe auch Kapitel »Die Wirklichkeit«, ab Seite 66). Sie hängt maßgeblich von unserer Wahrnehmung ab. Und hier gibt es ein unendliches Betätigungsfeld. Hier haben wir *die* Ansatzmöglichkeit für die Lösung der Probleme unserer Zeit. Wir können unsere Realität, in der wir leben, dadurch verändern, daß wir unsere Wahrnehmung verändern. Und das gilt in besonderem Maße gerade auch für unsere materielle, sichtbare Welt mit all ihren Problemen. Dies ist kein Hirngespinst einiger Phantasten, nein, diesen Sachverhalt belegen die Forschungsergebnisse der modernen Quantenphysik.

Objektivität ist also sehr relativ. Auch wenn etwas objektiv vorhanden ist, wenn etwas real existiert, dann ist dieser Sachverhalt zunächst einmal uninteressant. Alles erhält seine Bedeutung erst dadurch, daß wir es wahrnehmen – und vor allen Dingen dadurch, *wie* wir es wahrnehmen. Wenn wir etwas nicht wahrnehmen, dann existiert es faktisch für uns auch nicht. Was nützt es beispielsweise einem jungen Mädchen, wenn es objektiv betrachtet sehr schön ist, es sich selbst aber nicht gefällt? Seine »objektive« Schönheit ist für dieses Mädchen vollkommen wertlos, sie ist im Prinzip nicht da! Es wird sich weder freuen können noch wird es sich froh, glücklich und ungezwungen benehmen, so wie es seinem Erscheinungsbild entspräche. Dieses Mädchen wird kein Glück ausstrahlen. Seine Ausstrahlung, sein Verhalten aber ist das, was die Grundlage für die Realität seiner Zukunft bildet. Der Gram dieses Mädchens über seine nicht vorhandene Schönheit wird wahrscheinlich früher oder später dazu führen, daß es tatsächlich vergrämt und häßlich aussieht. Gleiches gilt auch für den Erfolg: Ein Geschäftsmann, der sich nicht erfolgreich *fühlt*, wird sich nicht erfolgreich verhalten und somit auf Dauer auch nicht erfolgreich sein (oder bleiben) können. – Was wir in diesem Zusammenhang von Kindern lernen können, ist der Gebrauch der Phantasie. Etwas für möglich zu halten, ist der erste Schritt zur Verwirklichung. Dieses Buch zum Beispiel wäre niemals entstanden, wenn ich es nicht für möglich gehalten hätte, es zu schreiben. Die Idee und vor allem der Glaube an diese sind die Basis für jede Realisierung.

Aber dies gilt eben auch anders herum. Wenn wir etwas sehen, beispielsweise eine Schwierigkeit, die uns im Weg steht, so wird die *Be-Deutung* dieser allein davon abhängen, wie wir sie wahrnehmen, aus welchem Blickwinkel und mit welchen Empfindungen wir sie anschauen. Wir entscheiden selbst, wieviel Macht wir einer Schwierigkeit, einem Problem über uns geben. Unser Bewußtsein erschafft somit unsere Realität. Die »objektive Realität« ist dabei nicht entscheidend. Es kommt einzig und allein auf unsere Wahrnehmung an, auf das, was in unser Bewußtsein Eingang findet. – Hierin liegt aber auch eine ganz besondere Tragik. Viele Menschen, besonders in unseren Breiten, haben einen eigenartigen Hang zum Pessimismus. Es fällt ihnen viel leichter, sich eine Katastrophe auszumalen, als den für sie wünschenswerten Ausgang einer bestimmten Situation. Carl Simonton hat dies in einem Vortrag wunderbar auf den Punkt gebracht: Wenn der Sohn einer Familie am Samstag zu einer Party geht und zum verabredeten Zeitpunkt nicht wieder zu Hause ist, dann sitzen die Eltern wach und in heller Erregung im Wohnzimmer und malen sich in den buntesten Farben aus, was möglicherweise alles geschehen sein könnte. Carl Simonton sagt, daß er sich in einer solchen Situation lieber vorstellt, daß es seinem Sohn sehr gut geht, daß er auf der Party mit seinen Freunden glücklich und fröhlich ist und daß er infolge dessen einfach vergessen hat, auf die Zeit zu achten.

Anfangs des Buches stellte ich die Frage, ob der einzelne Mensch etwas verändern kann. Ich will hier eine entschiedene Antwort geben und damit etwas vorgreifen: Ja, es ist möglich! Jeder einzelne kann sehr viel bewegen, wenn er zunächst nur einmal *sich* bewegt, *sein* Denken, *seine* Wahrnehmung verändert. Es kommt nicht darauf an, wie viele Menschen dabei mitmachen. Nichts, aber auch gar nichts hängt davon ab, was die anderen machen. Wir müssen für uns selbst entscheiden und können mit dieser Entscheidung sehr viel bewirken. Und so alleine, wie wir uns vielleicht manchmal fühlen, sind wir gar nicht.

Wir können sehr viel von unseren Kindern lernen! Dies drücken auch die Zeilen eines Liedes von Reinhard Mey über Kinder in wunderbarer Weise aus:

> *»Ich frag mich seit 'ner Weile schon:*
> *wer gibt hier wem eine Lektion,*
> *wer gibt hier wem im Leben Unterricht.*
> *Ich glaubte ja bisher,*
> *daß ich derjen'ge welcher wär',*
> *nun seh' ich mehr und mehr,*
> *ich bin es nicht.«*
>
> (Reinhard Mey: *»Ich frag' mich seit 'ner Weile schon«*)

Die Informationsgesellschaft

»Des Menschen Verstand kann die wahre Unterweisung nicht erfassen. Doch wenn ihr zweifelt und nicht versteht, könnt ihr gerne darüber mit mir diskutieren.«

(Yoka Daishi: *»Shodoka«*)

Daß die Gedanken, die ich bisher zu beschreiben versucht habe, nicht ganz alltäglich sind, wurde mir auch manchmal sehr drastisch in Gesprächen klar, die ich zu diesen Themen führte. Einerseits gab es eine Vielzahl sehr erfreulicher Begegnungen. Menschen, die ich kaum kannte, sprachen eben die Gedanken aus, die mir selber unter den Nägeln brannten. Aber öfter kam ich mir auch vor, als ob ich nicht die gleiche Sprache spreche wie meine Gesprächspartner. Es ist eine traurige Tatsache, daß wir Menschen uns oftmals nicht verstehen, obwohl wir die *gleiche* Sprache sprechen. Ein solches Nicht-Verstehen ist häufig die Folge eines anderen Lebenshintergrundes. Unsere Erfahrungen im Alltag prägen unser Denken. Aber es hat oft auch etwas mit Intoleranz zu tun. Diese Intoleranz gegenüber dem Mitmenschen ist überall dort besonders ausgeprägt, wo dogmatisch-fanatische Lebensregeln proklamiert werden. Und dies ist bedauerlicherweise in unserer Gesellschaft neben den radikalen politischen Gruppen sehr stark in religiösen Vereinigungen verbreitet und leider gerade auch in den »christlichen Institutionen«. Statt Verständnis und Liebe wird Gewalt gepredigt, und dies wird dann auch noch mit einem angeblichen göttlichen Auftrag legitimiert. Statt die Gemeinsamkeiten zu suchen und sich auf das zu konzentrieren, was verbindet und was untereinander zu einer Stärkung führt, sind viele in unmäßiger Profilierungssucht nur um Ausgrenzung bemüht. Dabei merken sie dann gar nicht mehr, daß ihre Gesprächspartner eigentlich das gleiche meinen wie sie, es vielleicht nur etwas anders ausdrücken. Die Selbstüberschätzung und der Egoismus der Menschen, die den Turmbau zu Babel jämmerlich scheitern ließen, sind bis heute für die *Sprachen-Verwirrung* unter uns verantwortlich. Wir wissen heute sehr viel mehr und wir können auch sehr viel mehr als die Menschen früher. Aber es nützt uns gar nichts. Solange Rechthaberei, Egoismus, Machtstreben, Geltungssucht usw. die Triebkraft unserer Handlungen sind, solange wird es mit dieser Welt nicht bergauf gehen. Solange wir nicht endlich all unseren Mut zusammennehmen, über unseren Schatten springen und aufhören, alles in unsere Kategorien von richtig und falsch, gut und böse, schwarz und weiß einzuteilen, solange werden wir der Misere nicht entrinnen.

Wir leben heute in einer *Informationsgesellschaft*. Dieser Begriff macht auch deutlich, daß unser Wissen groß ist. Wissen ist Macht. Doch diese Aussage scheint heute mehr und mehr ihre Gültigkeit zu verlieren. Die heutige Wissensflut zeigt uns täglich deutlicher, wie ohnmächtig und klein wir sind. Der Karlsruher Physiker Prof. Dr. Kaucher sagt, daß unsere rationale Welt des Wissens heute in eine unendliche, unfaßbare Menge von Einzelfakten zerfällt. Sie ist im

Begriff, sich in dieser Flut von Fakten buchstäblich aufzulösen. Auf Grund dieser unüberschaubaren Fülle wird die Information an sich wertlos, da sie nicht mehr zu verarbeiten ist.

Information ist nur solange sinnvoll, wie sie dem Menschen hilft, sich zu orientieren. Sobald sie dazu führt, daß sich der Mensch in der Fülle des zur Verfügung stehenden Wissens nicht mehr zurechtfindet, stürzt Information ihn ins Chaos. Viele Menschen sind heute orientierungslos. Wie sollen sie sich zurechtfinden? Wer kann sie beraten? Das, was wir hören und lesen, widerspricht sich häufig vollkommen. Viele Menschen werden von der Unüberschaubarkeit der Ereignisse in ihrem Leben und der daraus resultierenden Orientierungslosigkeit in eine ohnmächtige Angst getrieben. Was für den Normalbürger gilt, betrifft auch Fachleute. Selbst die sind heute oft nicht mehr in der Lage, sich in der Fülle der Informationen zurechtzufinden und ein komplettes Fachgebiet abzudecken. Daher werden Unterteilungen in immer kleiner werdende Spezialgebiete nötig.

Gewisse Kreise unserer Gesellschaft dürften allerdings durchaus daran interessiert sein, daß Angst und Unsicherheit sich als fester Bestandteil in unserem Denken verankern. Denn mit kaum etwas anderem läßt sich so gut Geschäfte machen, wie mit der Angst. Darüber hinaus sind verängstigte Menschen solche, die sich leicht manipulieren lassen. Ein Beispiel dafür ist das PC-Software-Geschäft zur Jahrtausendwende gewesen. Eine regelrechte Hysterie führte dazu, daß unzählige Computerbesitzer sich eine Spezialsoftware kauften, um ihre PCs sicher über die Datumsgrenze 1999/2000 zu bringen.

Es war ein einträgliches Geschäft mit der Angst – und das, obwohl der Grund für die Angst vergleichsweise lächerlich war.

Doch noch einmal zur Orientierungslosigkeit in unserer heutigen Informationsflut: Egal, welche Teilbereiche oder Wissensgebiete wir uns anschauen, überall werden wir von einer schier unfaßbaren Fülle von Daten und Fakten nahezu erschlagen. Dieses Problem betrifft die Naturwissenschaften, die Politik, die Medizin, die Ernährung und die Technik genauso wie die Psychologie und die Geisteswissenschaften. Wir können mit unserem Verstand, mit der Einseitigkeit unserer linken Gehirnhälfte, gegen dieses Problem anrennen, mit ihm kämpfen, uns die Zähne an ihm ausbeißen oder was immer wir wollen. *Einseitig* werden wir diese Schwierigkeit niemals lösen.

Die Inkas nannten die sichtbare Welt sehr bezeichnend *Maja*. Das heißt soviel wie Scheinwelt. Was die Inkas damals bereits wußten, wird in unserer Zeit immer deutlicher: Die Fülle der Möglichkeiten, die das Leben uns bietet, ist schier grenzenlos. Maja, die Scheinwelt, nimmt jeden gefangen, der sich schutzlos auf sie einläßt. Er lebt dann in seiner illusionären Wirklichkeit, ohne es zu bemerken. Vermutlich gefällt ihm diese Illusion zunächst sogar mehr oder weniger lange. Aber früher oder später wird er fallen, wird er es mit der Angst zu tun bekommen, weil er haltlos und ohne Orientierung ist. Er wird den Einflüsterungen blinder Führer folgen (müssen) wie einst die Seefahrer dem Gesang der Sirenen.

Doch es gibt eine Lösung. – Es gibt eine Instanz *in jedem Menschen*, die weiß. Sie muß nur gefunden werden. Diese Instanz steht uns tagtäglich 24 Stunden zur Verfügung. Und den Menschen mit dieser Instanz in Kontakt zu bringen, ist ein wesentliches Anliegen dieses Buches. Um diese Instanz zu finden, müssen wir das einseitige, sorgfältig antrainierte bedingungslose Vertrauen auf die linke Gehirnhälfte einfach nur aufgeben. Wir müssen dieses *Fixiertsein* auf den Verstand einfach nur loslassen. Wir haben nämlich noch eine rechte Gehirnhälfte. Lassen wir diese doch auch einmal zu Wort kommen, denn sie beherbergt ein wichtiges Instrument für die Orientierung in der heutigen Zeit: die *Intuition*. Doch – und das sei *ausdrücklich* angemerkt – sich ausschließlich von seiner Intuition (was viele mit oberflächlichen Gefühlen verwechseln) leiten zu lassen und fortan herrlich und in Frieden leben zu wollen, ist damit nicht gemeint – und dazu möchte ich auch keinesfalls raten. Denn unser Verstand ist ja keine überalterte »Hardwarekomponente«, er hat durchaus seine Berechtigung, ja er hat wichtige Aufgaben zu erfüllen. Aber er kann dies eben nicht allein! Verstand und Intuition gehören *unteilbar* zusammen. Das ist ganzheitliche Sichtweise. Und das ist die Zukunft. Das ist die Lösung oder wenigstens der Ansatz für die Lösung der Probleme unserer Zeit.

Dieses Buch muß, je weiter es gelesen wird, mehr und mehr *auch* mit dem Herzen gelesen werden und etwas weniger mit dem Verstand. Denn ich habe es mit *Herz und Verstand* geschrieben. – Wir müssen uns mit unserer ganzen Persönlichkeit, mit allen Ebenen unseres *Seins* für den Quantensprung in der Entwicklung der Menschheitsgeschichte einsetzen. Wir können es schaffen. Und wir werden es auch schaffen. Unser ganzer Einsatz und vor allen Dingen unsere vollkommene Entschlossenheit sind gefragt, wir dürfen nicht zaghaft und ängstlich weiterhin »auf beiden Beinen hinken«. Darüber müssen wir uns endlich klar werden. Wir haben die Wahl, entweder eine radikale Erneuerung unseres Bewußtseins und damit eine *Neuordnung* unseres ganzen Lebens in allen Bereichen in Angriff zu nehmen und die Welt zu retten – oder wir entscheiden uns für unseren Untergang. Eine dritte Möglichkeit gibt es nicht!

In diesem Kapitel werde ich nun handfeste Erkenntnisse vorstellen, die zeigen, daß die bisher beschriebenen Ideen eine reale Grundlage haben und keine weltfremden Utopien sind. Zu einer der wichtigsten Erkenntnisse führt uns die Frage: Was ist Licht? Welle oder Teilchen? Materie oder Energie? Das ist die Kernfrage unseres Lebens. – Der eine oder andere wird jetzt vielleicht den Kopf schütteln und sich sagen: »Der hat vielleicht Probleme.« Doch folgen Sie mir, seien Sie für einen Moment neugierig wie ein Kind.

Mit der Frage, was Licht ist, begann im letzten Jahrhundert die Entwicklung der Quantenphysik. Eigenartigerweise läßt sich in streng wissenschaftlichen Versuchen beides beweisen, entscheidend ist hierbei der Versuchsaufbau. Was heißt das? Es gibt keine scharfe Trennung zwischen Materie und Energie. Wir können zwischen diesen beiden Größen beliebig hin- und herspringen. Noch krasser formuliert: Materie, unsere sichtbare Welt, ist nur eine besondere Zustandsform von Energie. Wenn das stimmt, und es ist vielfach bewiesen, daß es stimmt, dann heißt das, daß die Welt, in der wir leben, durch

Energie erschaffen wird – täglich neu. Und die wichtigste Energie, die unsere Alltagsrealität erschafft, sind unsere Gedanken. Materie ist geronnene Energie, unsere Welt ist die sichtbar gewordene Verdichtung unserer Gedanken.

Die Frage, ob Licht physikalisch als Welle oder als Teilchen nachgewiesen werden kann, wird durch den Versuchsaufbau entschieden, also von der Absicht oder von der Erwartung derjenigen, die den Versuch durchführen. Was zunächst bei der Erforschung des Lichtes beobachtet wurde, ist in der Quantenphysik inzwischen anhand zahlreicher unterschiedlicher Versuche immer wieder nachgewiesen worden. Betrachtet man die Welt auf der Ebene der Quantenphysik, dann ist der Ausgang eines wissenschaftlichen Versuches tatsächlich von der Erwartung der Wissenschaftler abhängig, die den Versuch durchführen. Je nach dem von welcher gedanklichen Ausgangssituation, also mit welcher »Versuchsanordnung«, mit welcher Erwartung man sich einer Fragestellung nähert, wird entweder das eine oder das andere Ergebnis erzielt. Es gibt somit keine objektive Allgemeingültigkeit, es gibt kein absolutes Richtig oder Falsch.

Das, was uns begegnet in unserer Umwelt, kommt nicht von irgendwo da draußen zufällig auf uns zu. Nichts, was geschieht in unserer Umgebung, kann von uns getrennt werden. Es ist immer ein Spiegel unserer Verfassung, eine Projektion dessen, was in uns ist. Der Verlauf unseres Lebens wird uns nicht von fremden Mächten aufgezwungen, weder von Gott, einem blinden Schicksal oder politischen, ideologischen oder anderen gesellschaftlichen Kräften, die wir nicht beeinflussen können. Das Drehbuch schreiben wir selbst. Es entsteht *in* unseren Köpfen, durch unser Denken und unser Fühlen. – Alles ist in erster Linie also eine Frage der Energie. Und Gefühle und Gedanken zählen zu den stärksten Energien, die es gibt. Wir müssen uns unbedingt entscheiden, wie wir diese Energien einsetzen wollen. Und das müssen wir sehr bewußt tun, denn sonst schaffen wir unbewußt und gedankenlos Resultate, die wir nicht wollen. Und in unserer »Bewußtlosigkeit« machen wir dann auch noch andere für diese Resultate verantwortlich.

Wir verändern Materie allein dadurch, daß wir sie beobachten. Dabei hängt das »Verhalten« der Materie von unserer Erwartung, von unserem Blickwinkel, von unserer Art der Wahrnehmung ab. Wie gesagt: Streng wissenschaftliche Versuche im Bereich der Quantenphysik haben dies eindeutig bestätigt. Der Verlauf eines beliebigen physikalischen Versuches hat etwas mit der Erwartung der Physiker zu tun, die das Experiment durchführen. Das ist umwerfend! Es stellt unser gesamtes Weltbild auf den Kopf. Wir müssen uns bewußt machen, was es bedeutet, was es für Konsequenzen haben kann, wenn unsere Gedanken und Gefühle – unsere Energie – unsere Realität, die Materie beeinflussen.

Auf eines aus der Physik muß ich noch eingehen: $e = m \times c^2$, die Formel mit der Einstein seine Relativitätstheorie begründete. (e ist die Energie, m die Masse und c die Lichtgeschwindigkeit). Diese Gleichung zeigt zum einen, daß Materie und Energie untrennbar zusammengehören. Und zum anderen verdeutlicht sie, daß Energie die bei weitem wichtigere der beiden Größen ist. Denn die Masse (Materie) muß mit dem Quadrat der Lichtgeschwindigkeit, einer unvorstellbar großen Zahl, multipliziert werden, um den Wert der Energie zu erhalten!

Bereits in den 1960iger Jahren ist an einer Universität in Amerika ein bemerkenswertes Experiment durchgeführt worden. Einer Gruppe von Studenten wurden – auf freiwilliger Basis – einmal pro Monat zwei Injektionen verabreicht. Aus einer roten Spritze erhielten die Probanten in den linken Oberarm eine Tuberkulinum-Injektion, in den rechten Oberarm aus einer blauen Spritze eine Kochsalzlösung. Tuberkulinum ist eine Substanz, auf die jeder Mensch mit einer kleinen Hautrötung, einer Quaddelbildung und Juckreiz an der Injektionsstelle reagiert, auf Kochsalz zeigt sich für gewöhnlich keine Reaktion. Die Zeremonie wiederholte sich nach genau dem gleichen Muster Monat für Monat, und Monat für Monat reagierten die Teilnehmer mit einer kleinen Rötung und Juckreiz an ihrem linken Oberarm, während an der Injektionsstelle am rechten Oberarm nichts passierte. Nach sechs Monaten wurde – ohne daß ein Teilnehmer davon wußte – folgendes an dem Experiment verändert: Der Inhalt der beiden Spritzen wurde vertauscht. Somit erhielten die Studenten nun aus der roten Spritze die Kochsalzlösung in den linken Oberarm, wogegen ihnen das Tuberkulinum jetzt aus der blauen Spritze in den rechten Oberarm injiziert wurde. Und es geschah etwas höchst Interessantes: ausnahmslos alle Versuchsteilnehmer reagierten jetzt auf die Kochsalzlösung, die sich in der roten Spritze befand, mit Hautrötung, Quaddelbildung und Juckreiz. Kein einziger reagierte mehr auf das Tuberkulinum, das ihm aus der blauen Spritze verabreicht worden war.

Dieser Versuch zeigt deutlich, wie sehr unser Erleben in der Realität von dem abhängt, was wir erwarten. Selbst physiologische Vorgänge im menschlichen Körper gehorchen offensichtlich der gedanklichen Steuerung. Dies eröffnet faszinierende Perspektiven für die Lebensgestaltung, aber auch für die therapeutischen Möglichkeiten im Krankheitsfall. Es lohnt sich, sich hiermit einmal etwas intensiver auseinanderzusetzen.

Worauf wir uns auch immer mit unserer Wahrnehmung fixieren, ist entscheidend für das, was in unserem Leben geschieht. In dieser Hinsicht sind Einflüsse, denen wir in der Multimedia-Welt von heute ausgesetzt sind, höchst bedenklich. Betrachten wir das Angebot der Filme im Fernsehen und in den Videotheken, dann brauchen wir uns nicht darüber zu wundern, was an gewalttätigen und perversen Dingen um uns herum geschieht. Es gibt für gewisse Interessensgruppen eine phantastische Möglichkeit, uns zu beeinflussen, ja zu manipulieren. Und wir öffnen bereitwillig Tür und Tor. Was das Fernsehen uns bietet, ist zu 95 % eine Zumutung, eine Frechheit. Aber nicht nur das, es ist hochgradig gefährlich. Über die Informationen, die wir aufnehmen, besteht ein direkter Zugang zu unserem Denken, zu den Bereichen in uns, die unser ganz persönliches Leben steuern. Und wie viele Menschen – vor allem auch Kinder – nehmen solche Informationen Stunden über Stunden täglich in sich auf. Horror, Werbung, Gewalt… all das ist hochgradig negativ! – Denken wir an die Möglichkeiten des »Kreativen Visualisierens«: man stellt sich möglichst in prächtigen Bildern etwas vor, was man gerne erreichen möchte. Die Gefühlsebene muß dabei auch angesprochen werden. Je stärker man sich mit seiner Vorstellung identifiziert, desto besser ist die Wirkung. Das Fernsehen erfüllt alle Voraussetzungen, um diese Mechanismen zu aktivieren. Nur es ist nicht *kreativ*, sondern *destruktiv*. Und daher kann auch nur ein zerstörerisches Ergebnis dabei herauskommen.

Aber auch für die »seriöse Information«, ob aus dem Fernsehen, aus dem Radio oder aus Zeitungen und Magazinen, gilt, daß wir überall der Gefahr der Manipulation oder mindestens der Beeinflussung ausgesetzt sind. Womit wir uns beschäftigen, das nimmt in unserem Leben Gestalt an. *Jeder* entscheidet für *sich* allein, womit er sich befassen möchte. Dabei muß nur bedacht werden, daß das, womit wir uns befassen, eben unsere Alltagswirklichkeit bestimmt. Es ist entscheidend, worauf wir uns einlassen, was wir an uns heranlassen. Wir können uns allerdings schützen, indem wir einfach beschließen, daß etwas nicht für uns bestimmt ist und uns dann auch nicht weiter damit beschäftigen – auch nicht passiv, indem wir uns »berieseln« lassen. Denn nicht allein die Nachrichten- oder Magazinsendungen, nein jeder Film, und ist er auch noch so hohl, enthält Informationen, ist ein »Input« für unser Denken. Die Summe der Informationen, der Worte, Bilder und Eindrücke, die wir unbewußt oder bewußt aufnehmen, mit denen wir uns eingehender oder sogar dauernd befassen, prägt dann die Alltagswirklichkeit unseres Lebens.

Der oben vorgestellte Versuch aus Amerika macht besonders eindrucksvoll deutlich, wie sehr unser Erleben von dem abhängt, was wir erwarten und worauf wir uns *programmiert* haben. Von unserer Erwartungshaltung ist unsere Realität abhängig. Realität ist also sehr relativ, sie ist darüber hinaus eine Frage der Identifikation. Wir können uns beispielsweise mit einer Opferrolle identifizieren, weil wir als Kinder immer die Bösen waren und dafür fortwährend bestraft wurden. Wir können uns mit einer Opferrolle identifizieren, weil wir meinen, alles sei Schicksal und somit fremdbestimmt. Die Frage ist, ob wir das wirklich wollen. Doch das Gute ist: jeder kann das für sich selbst entscheiden.

Vieles, was wir im täglichen Leben erfahren, ist nur eine leere Hülle. Wir müssen durch unser Denken, durch unsere Einstellung, durch unser Bewußtsein diese leeren Gefäße mit lebendigem Inhalt füllen. Stellen wir uns vor, unser Verstand mit all seinem »wissenschaftlich abgesicherten« Wissen folgt einer Illusion, einer Fata Morgana. Die Realität, die wir da draußen sehen, existiert gar nicht so unabänderlich und objektiv, wie wir das oft glauben. Diese objektive Welt, der wir mehr oder weniger ausgeliefert zu sein scheinen, diese »Welt da draußen« ist nur das Produkt unserer Gedanken, Vorstellungen und Erwartungen. Die Welt, die wir täglich sehen, ist nur der Spiegel dessen, was in uns vor sich geht. Diese Möglichkeit ist revolutionär. Sie enthält den entscheidenden Lösungsansatz für die Probleme jedes einzelnen Menschen, aber ebenso für alle Probleme dieses Planeten. Sie befreit uns. Angst ist nicht mehr nötig. *Wir kön-*

nen alles ändern, alles beeinflussen. Aber damit haben wir den »Schwarzen Peter« der Verantwortung. Es sind nicht mehr länger die anderen oder das Schicksal an dem Schuld, was schief läuft in unserem Leben, sondern wir allein. Wie im Spiel möchten auch im Leben viele diesen »Schwarzen Peter«, die Verantwortung, wieder loswerden. Es ist so einfach und bequem, anderen Menschen oder Mächten die Schuld zu geben für unsere Probleme und für das, was uns nicht gefällt in unserem Leben. Ein Beispiel, an dem wir das täglich sehen können, ist Krankheit. Wer krank ist, sieht die Ursache hierfür oft in einem ungerechten Schicksal oder zumindest in äußeren Umständen und Einflüssen, die er nicht zu vertreten hat und die er nicht beeinflussen kann. Somit kann er dann auch nichts ändern. Um aber wenigstens etwas von seinem »Schicksal« zu haben, sonnt sich der »arme Kranke« dann gerne im Licht des Bedauert-Werdens. Er kann sich zurücklegen, braucht sich nicht anzustrengen. Er übt dabei durch seine Krankheit eine gefährliche subtile Macht über seine Umwelt aus. Kaum einer wagt bis heute, dieses Tabu des armen Kranken anzutasten. Doch genau betrachtet zahlt der Kranke einen hohen Preis für sein Privileg. Er opfert Lebensfreude, Lebenssinn, er opfert sein Selbstbestimmungsrecht. Was hier am Kranksein zu sehen ist, gilt in allen anderen Lebensbereichen genauso. Wir haben immer die Wahl. Wir können die äußeren Umstände unseres Lebens immer ändern, wenn wir die Verantwortung übernehmen und erkennen, daß wir und unser Verhalten die Ursache dafür sind. Die Basis jeder Veränderung ist unser Denken.

Das Wort »Information« ist Bestandteil der Überschrift dieses Kapitels. Und die Quantenphysik beweist, wie wir gesehen haben, daß Materie durch Energie geschaffen wird. Unsere Gedanken sind In-*Form*-ationen. Sie *formen* unsere Wirklichkeit, sie bringen unser Leben in *Form*. In diesem Punkt verwechseln wir leider bis heute Ursache und Wirkung. Nicht was wir erleben, was uns umgibt ist die Realität, die uns prägt, der wir ausgeliefert sind. Nein, sie ist die Wirkung, die Folge unseres So-Seins, wie wir sind. Unsere *Wirklichkeit* wird von unserem Denken, von unseren Informationen *erwirkt*. Sie sind der »Input«.

Die neue Wirklichkeit, auf der sich eine Zukunft mit ungeahnten Perspektiven aufbauen läßt, kann nicht länger auf meßbare und traditionell wissenschaftlich zu beweisende Fundamente gegründet sein. Sie wird nur dann den Herausforderungen der neuen Zeit gewachsen sein, wenn sie auf Menschen gegründet ist, die wissen. Nicht mit dem rationalen Verstand, sondern mit dem Herzen, ja mit ihrem gesamten *Sein* müssen sie wissen. Ein solches Wissen allein ist eine zuverlässige Kraftquelle, um Aufgaben und Herausforderungen unserer Zeit zu bestehen. *Dieses Wissen* schafft uns den direkten Zugang, die Verbindung zu den ganzheitlichen, *all*-umfassenden Kräften des Universums. Dieses Wissen ist es, was wir heute unbedingt brauchen.

WIRKLICHKEIT UND WUNDER

»Dann halt die Augen auf, paß' auf wie ein Luchs,
wasch dich mit allen Wassern, kleiner Fuchs,
du mußt allein die eigne Wahrheit finden.
Und wenn jemand aus dem Unterholz bricht
und die alleinseligmachende Weisheit verspricht,
Füchschen, glaub ihm nicht!«

(Reinhard Mey: *»Füchschen«*)

Wie ich im letzten Kapitel zu zeigen versucht habe, ist Information wesentlich mehr als nur die Aufnahme von Wissen. In-*Form*ation ist eine lebendige Kraft, die die Bedingungen unseres materiellen Lebens entscheidend beeinflußt. Unsere Alltagswirklichkeit ist direkt von den Informationsflüssen in unserem Leben abhängig. Es ist daher schon wichtig, sorgfältig zu selektieren. Wenn wir die richtigen »Umweltbedingungen« schaffen, liegen Wirklichkeit und Wunder sehr nahe beieinander.

Zu den größten »weisen Schriften« dieser Welt rechne ich die Bibel, die leider von den meisten Menschen bis heute überhaupt nicht richtig verstanden wird. Am allerwenigsten von denen, die sie täglich in die Hand nehmen, die mit ihr missionieren gehen und die unablässig biblische Weisheiten zitieren. Gerade beim Lesen der Bibel können wir lernen, durch die materielle Ebene, das geschriebene Wort hindurchzusehen. Das Wesentliche steht auch hier »zwischen den

Zeilen«. Die *Wirk*lichkeit hat etwas zu tun mit wirken, mit Wirkung. Sie ist nicht statisch, nein sie ist formbar, sie will von uns geformt werden.

Beim Lesen der Bibel und aller anderen Weisheitsschriften sollte es für den Leser in erster Linie um den Bezug zur Gegenwart, um die persönliche Bedeutung im Alltag des 21. Jahrhunderts gehen: Können wir mit diesen »Geschichten« in unserem Alltag mit all seinen Problemen etwas anfangen? Können sie uns Denkanstöße für neue Lösungsmöglichkeiten geben? Es ist beispielsweise mehr oder weniger unwichtig, ob vor über zweitausend Jahren das Volk Israel 40 Jahre lang durch die Wüste gewandert ist, und es ist auch nicht die Frage, ob damals Manna vom Himmel gefallen ist. Es geht darum, was wir heute mit einem solchen Gleichnis in unserem Leben anfangen können. Es geht um die Transformation dieser Ereignisse in unsere heutige Zeit. Die Frage ist, ob ein solches Wunder *heute* möglich ist, ob wir es für möglich halten. Nur dann, wenn wir diese Frage mit »Ja« beantworten können, hat die Bibel für uns einen Sinn.

Gibt es eine Kraft, die jenseits unserer rational-naturwissenschaftlichen Realität existiert? Ist diese Kraft willkürlich in ihren Aktionen? Ist sie vielleicht sogar dogmatisch und engstirnig? Oder ist diese Kraft eine weise, tiefgründige und liebevolle Ordnung, die wir Menschen endlich erkennen müssen, um sie bei der Bewältigung unserer Alltagsprobleme, aber auch bei der Lösung der großen Probleme dieses Universums in unser Denken und Tun mit einzubeziehen? Können wir uns auf diese Kraft verlassen? Gibt es diese großartige Intelligenz überhaupt, oder ist alles, was auf dieser Welt geschieht, einzig das Produkt eines unberechenbaren Zufalls, wie heute viele Menschen meinen? Von den Antworten auf diese Fragen hängt sehr viel ab. Glaubenssätze sind der Rohstoff, aus dem die Alltagswirklichkeit gemacht wird. Und Wunder beginnen genau an dem Punkt, an dem wir sie für möglich halten.

Die Jahrtausendwende liegt noch nicht lange hinter uns. Wir haben sie alle bewußt miterlebt. Von unterschiedlichen Seiten wurde Angst geschürt und Bedrohung heraufbeschworen. Manch »falscher Prophet« nutzte die Gelegenheit, sich vor apokalyptischen Bildern ganz persönlich ins Rampenlicht zu stellen. Nun haben wir die »magische Schwelle« überschritten – und gravierende Ereignisse, die prophezeit wurden, sind nicht eingetreten. Entgegen der Vorhersagen ist die Welt nicht untergegangen. Und wenn letzlich auch nichts geschehen ist, so war doch für diejenigen, die sich von denen gedanklich beeinflussen ließen, die Bedrohungen heraufbeschworen, die Zeit Ende der 1990er Jahre mit Sicherheit eine dramatische: Unruhe, Angst oder auch Panik hatte nicht wenig Menschen befallen. Auch wenn keine großen weltumspannenden Katastrophen stattfanden, so gab es doch – da bin ich mir sicher – in der Gruppe der Endzeitgestimmten eine große Anzahl kleiner oder auch größerer persönlicher Katastrophen. Ihre Erwartungshaltung hatte dies induziert. Dies ist im übrigen auch das Prinzip, nach dem die primitiven Horoskope der Regenbogenpresse funktionieren.

Ich habe in meiner langjährigen Beratertätigkeit eine interessante Beobachtung gemacht: Alle Menschen lassen sich unabhängig von ihrer Herkunft und ihrem persönlichen Status in zwei Gruppen einteilen. Zu der einen gehören die Pessimisten, die jammern und stöhnen und ständig nur die Probleme sehen, für sie ist immer alles schwierig. Sie sonnen sich in der Opferrolle. Und so negativ, wie sie denken, so sind sie selber auch, so ist die Realität ihres Lebens. Ihre Anwesenheit ist oft bedrückend, sie haben eine unerfreuliche Ausstrahlung. Ihr Fokus liegt auf den Problemen, auf dem Negativen. Die andere Gruppe sind die Optimisten. Sie sehen auch die Probleme, aber sie lassen sich nicht von ihnen dominieren. Sie sind niemals wehrlose Opfer. Sie packen zu, denken und handeln innovativ und kreativ. Bewußt oder unbewußt vertrauen sie dem »großen Plan«, sie nutzen ihre Möglichkeiten und alle verfügbaren Ressourcen. Und was besonders interessant ist: Diese Menschen haben meist keine Angst. Es ist erfrischend, solche Menschen zu kennen. In ihrer Umgebung fühlt man sich wohl. – Es ist für mich immer wieder eine faszinierend Tatsache, daß die Lebenswirklichkeit eines Menschen maßgeblich von seinem Standpunkt, von seiner Denk- und Sichtweise abhängt. Gedanken sind Energien – und diese Energien erwirken die Realität des Alltags eines Menschen.

Die äußere Wirklichkeit ist die Bühne, ist der Bezugsrahmen unseres Lebens. Und wir prägen diese Wirklichkeit, wir gestalten sie – bewußt oder leider auch oft unbewußt. Sind wir uns unseres Einflusses auf die äußeren Umstände unseres Lebens nicht bewußt, dann fühlen wir uns schnell als Opfer. Statt die Dinge aber in die Hand zu nehmen und etwas zu verändern, neigen die meisten Menschen eher dazu, sich entweder in ihrer Opferrolle häuslich einzurichten und fortan zu leiden, weil das Leben ja so ungerecht mit ihnen ist, oder sie laufen vor der Realität einfach davon. Diese Realitätsflucht ist sehr gefährlich. Sie ist eine Scheinlösung, die leider meist darin gipfelt, daß die Betroffenen letztlich nicht mehr in der Lage sind, die tatsächliche von der eingebildeten Umwelt zu unterscheiden. Sie flüchten aus der materiellen Realität in eine Traumwelt, die sie auf der psychischen Ebene entstehen lassen. Dabei können die Betroffenen sich entweder allein mittels ihrer Phantasie ihre Scheinwelt zusammenbauen. Häufig benutzen sie aber auch Romane oder Videos als Hilfsmittel. In diesen Fällen identifizieren sie sich mit ihren Idolfiguren. Sie sind Stellvertreter-Helden. Dieser Prozeß kann soweit führen, daß sie ihre Scheinwelt für die eigentliche Realität halten. Dieser Mensch erschafft sich seine eigene Wirklichkeit. Und er lebt darin. In der Psychologie wird dieser Vorgang als »innere Emigration« bezeichnet.

Eine andere Art der Flucht ist auf der geistig-intellektuellen Ebene angesiedelt. Oft finden wir hier Menschen, die sich oberflächlich mit Esoterik oder anderen Heilslehren identifizieren. Falsch verstandene Esoterik eignet sich hervorragend zur Weltflucht. Solche Menschen stehen nicht mehr mit beiden Beinen im Leben. Sie leben nur noch in ihrer Ideologie. Sie haben den Bezug zur Lebens-*Wirklichkeit* verloren.

Fest steht: Es gibt keine allgemeingültige objektive Wirklichkeit. Unsere Wirklichkeit ist formbar – und auch *Wunder sind möglich*, diese Behauptung habe ich weiter oben bereits aufgestellt. Wir haben nicht nur die Möglichkeit oder das Recht, unser Leben aktiv zu gestalten. Es ist sogar unsere eigentliche und wichtigste Aufgabe hier auf dieser Welt. Freiheit und Lebensfreude sind die Wirklichkeit, die unser göttliches Geburtsrecht darstellt. Alle Begrenzungen, denen wir uns ausgesetzt sehen, sind von uns selbst gewählte Einschränkungen. Wir wollen sie haben, sonst gäbe es sie nicht. Die häufigsten Gründe für unsere Gefängnisse, in die wir uns selber einsperren, sind in Ängsten zu suchen. Wir fühlen uns ausgeliefert und machtlos. Wir haben Angst, und die lähmt uns. Wir nehmen gar nicht wahr, daß wir einen ungeheuren Handlungsspielraum haben. Unsere Möglichkeiten sind grenzenlos. Wir können alles erwirken, was wir wollen. Wunder sind da eingeschlossen, denn diese sind wie gesagt möglich.

Nun ist es allerdings nicht so, auch wenn es sich vielleicht in diesem Augenblick so anhören mag, daß mit dem richtigen Denken, mit dem neuen Blickwinkel alle Probleme auf wundersame Weise aus unserem Leben verschwinden. Nein, keineswegs! Probleme sind unabdingbarer Bestandteil dieser polaren Welt. Steine auf unserem Weg sind *Not-wendig*. Sie können Meilensteine sein oder Wegweiser oder auch Hindernisse. Aber sie sind niemals sinnlos. Ich habe bereits geschrieben, daß die Welt, die wir täglich sehen, nur der Spiegel dessen ist, was in uns vor sich geht. Ohne Spiegel könnten wir unser eigenes Gesicht niemals sehen – und ohne Probleme könnten wir bestimmte Komponenten unseres Charakters niemals erkennen. Betrachten wir Hindernisse einmal auf diese Weise, dann fühlen wir uns ihnen nicht mehr ungerecht und hilflos ausgeliefert. Wir können sie plötzlich verstehen. Sie bekommen einen Sinn, ja sie werden sogar wertvoll, durch das, was sie uns mitteilen wollen. Durch diese Änderung unserer Sichtweise beginnen wir, den direkten Zusammenhang zwischen unseren Handlungen, unserem Denken und unserem Fühlen einerseits und den Schwierigkeiten in unserem Leben andererseits zu durchschauen. Wir übernehmen dann die Verantwortung. Durch diesen Bewußtwerdungsprozeß ändert sich nicht nur unsere Einstellung zu all den Problemen, sondern auch unser Umgang mit ihnen. Sie beherrschen uns und unser Leben nicht länger. Wir sind ihnen nicht mehr ausgeliefert. Diese Erkenntnis ist ungeheuer befreiend.

Wollen Sie agieren in Ihrem Leben oder wollen Sie immer nur reagieren? Wenn Sie nur reagieren, dann haben andere die Fäden in der Hand. Wenn Sie agieren, dann entscheiden Sie, was Sie tun. Keiner kann Sie zu etwas zwingen, aber Sie tragen auch selbst die ganze Verantwortung für das, was geschieht. Wenn Sie dazu bereit sind, dann haben die Dinge, die im Äußeren Ihres Lebens passieren, eine tiefe Bedeutung. Sie geben Ihnen Hinweise darauf, was in Ihrem Inneren abläuft, was auf einer tieferen Ebene mit Ihnen los ist. Das ist eine großartige Chance. Kurz gesagt: passiert etwas, was ich nicht will, was mich stört, dann ist auf der tieferen Ebene meines Denkens, meiner Überzeugungen etwas nicht in Ordnung.

Alles Leben auf dieser Erde dient der Entwicklung des Bewußtseins. Dies können wir bei der Betrachtung der Weltgeschichte erkennen. Zwar ist noch lange nicht alles gut, aber vieles hat sich im Laufe der Jahrtausende deutlich verbessert. Das liegt daran, daß ein höheres Bewußtsein auch die Qualität der Wirklichkeit in seiner Umgebung verändert. Diese Entwicklung vollzieht sich über die Erhöhung der Schwingungsfrequenz des menschlichen Organismus.

Zu diesem Phänomen gibt es interessante Denkansätze und Veröffentlichungen, auf die ich hier aber nicht näher eingehen möchte.

Jeder Mensch hat seine eigene Geschichte, aus der sich auch ganz unterschiedliche Schwerpunkte in seiner Denkweise ergeben. Und um diese Denkweise geht es. Unsere Denkweise entscheidet über unseren Weg. Aber nicht schnell und kurzfristig, nein Beharrlichkeit allein führt zum Ziel. Es geht gar nicht in erster Linie um unser Tun, es geht nicht um »die richtige Technik«, sondern darum, etwas wirklich zu wollen, mit ganzer Kraft dahinterzustehen und vor allen Dingen darum, das, was wir wollen, auch für möglich zu halten.

Gedanken sind Energien. Alles das, woran wir denken, erhält Energie von uns. Ist die Menge an Energie ausreichend, so beginnen unsere Gedanken, sich zu realisieren. Wir können zweifelsohne etwas Materialisieren, etwas Erschaffen. Ja wir tun dies bereits. Allerdings geschieht dies bislang meist noch unbewußt. Weil wir diese Möglichkeit noch nicht erkannt haben, an sie auch (noch) nicht glauben, können wir sie nur auf unserer Schattenseite beobachten. Beispielsweise führt *Angst vor Krankheit* oft dazu, daß der Mensch krank wird. Häufig wurde dieser Zusammenhang bei Krebs beobachtet. Angst ist eine gedankliche Energie, durch die zum Beispiel Krebs materialisiert wird.

Objektive Wirklichkeit ist ein zentrales Problem unserer Welt. Was ist richtig, was ist falsch? Seit alters her wurden um diese Frage erbitterte (Glaubens-)Kriege geführt. Und bis heute läßt sich diese Frage nicht mit letzter Gewißheit beantworten. Nein es scheint sogar so, daß mit der Zunahme unserer *Erkenntnis* die Grenzen zwischen richtig und falsch eher immer mehr verschwimmen. Richtig oder falsch? Diese Frage ist einfach nicht allgemeingültig zu beantworten. Aber die Lösung ist eigentlich ganz einfach. Wir müssen die Frage nur für uns selber beantworten. Und wir dürfen sie auch nicht zu ernst nehmen. Etwas mehr Toleranz ist auch hier durchaus angebracht. Die Dinge einfach geschehen zu lassen, ohne sie zu bewerten, und die Energien zu beobachten, sie einfach zu nutzen, das ist eine fruchtbare Geisteshaltung für die Entstehung von Wundern. Wenn wir lernen, die Dinge loszulassen, statt sie krampfhaft zu manipulieren, wenn wir lernen, einfach öfter zu sein, dann werden wir Wunder erleben.

Ein schönes Beispiel dafür, daß alles relativ ist, ist die Zeit, die uns alle tagein tagaus begleitet. Zeit könnte das Paradebeispiel dafür sein, daß es in unserer Welt doch so etwas wie Objektivität gibt. Ähnlich wie bei der Wissenschaft sind wir versucht, mit der Zeit etwas Absolutes, Unverrückbares und Allgemeingültiges zu verknüpfen. Zeit ist eine Größe, auf die wir uns verlassen können. Doch alle haben wir schon erlebt, daß Zeit eben auch sehr relativ ist. Je nachdem, was wir tun, vergeht sie einmal schneller, ein anderes Mal wieder langsamer.

Ich habe in diesem Buch ja bereits einiges in Frage gestellt, worauf sich unser heute gültiges Weltbild gründet. Und nun muß ich auch hinsichtlich der Zeit *ent*-täuschen: Zeit ist nicht objektiv – und das ist sogar wissenschaftlich bewiesen. Aktuellste Untersuchungen hierzu hat die Fernsehsendung »*Quarks & Co*« angestellt. Sie wollte die Aussage der Relativitätstheorie Einsteins, daß Zeit eben nicht absolut ist, überprüfen. In Zusammenarbeit mit dem Zeitlabor der Physikalisch-Technischen Bundesanstalt in Braunschweig und der Lufthansa konnte die Wissenschaftssendung des WDR nachweisen, daß Uhren, die reisen, langsamer Ticken als Uhren, die an ihrem Standort bleiben. Für dieses Experiment wurden zwei *Atomuhren* verwendet. Eine der beiden blieb in Braunschweig, die andere wurde nach Boston und wieder zurück geflogen. Das erstaunliche Ergebnis war, daß die weit gereiste Uhr um 0,000.000.028.8 Sekunden langsamer ging als die daheimgebliebene. Nachzulesen ist das ganze unter anderem im *»Lufthansa Magazin«*, Ausgabe 2/2000.

ANGST UND DIE FRAGE DER ZEIT

»Die alterslose Melodie, ungehört, *heilt.*
Die Heilvision, ungesehen, *führt.*
Die wahren Führer, unerkannt, *retten.*
Die Retter, unsterblich, *wissen.«*
        (aus dem Roman *»Goobertz«* von Linda Goodman)

Zeit ist ein ganz besonderes Phänom. Zunächst ist sie einfach eine Größe, mit der wir unser Leben einteilen. Darüber hinaus kann unter Zeit auch eine Epoche verstanden werden. Es gibt den Zeitgeist und Zeiterscheinungen. Zeit hat viele Facetten, und es ist lohnenswert, sich mit dieser Thematik einmal etwas intensiver zu befassen.

Zeit ist *nicht* objektiv, das wurde bereits am Ende des letzten Kapitels dargestellt. Und wenn selbst eine so nüchtern sachliche Größe wie die Zeit nicht objektiv ist, dann muß die Frage erlaubt sein, ob es überhaupt etwas Objektives auf dieser Welt gibt. Wie relativ Zeit eigentlich ist, sehen wir an einer weiteren, sehr aktuellen Besonderheit: Zeit ist fast für jeden Menschen in irgendeiner Weise ein Problem. Keiner hat Zeit. Und das, obwohl wir heute fast alles mit Hilfe von Maschinen erledigen und jedes nur erdenkliche Hilfsmittel besitzen, um Zeit zu sparen. Zeit ist zu einer Kernfrage geworden, auf die jeder Mensch *für sich* eine Antwort finden muß. In dieser Hinsicht ist Zeit etwas, woran sehr gut studiert und probiert werden kann.

Das Beispiel der Zeit führt uns aber auch eine andere Erkenntnis noch einmal vor Augen, die im Kapitel »Die Informationsgesellschaft« (Seite 56) bereits betrachtet wurde, die Gleichung zwischen Energie und Materie. Wir alle kennen den Ausspruch: »Zeit ist Geld«. Mit dieser Redewendung stellt der Volksmund eine Verbindung her zwischen Energie und Materie. Diesen Zusammenhang hat Einstein mit seiner Massegleichung mathematisch bewiesen. Und wie so oft hat der Volksmund eine tiefe Wahrheit erkannt, und das bereits lange bevor sie wissenschaftliches Interesse auf sich zog. In unserer polaren Welt sind die Zeit und die Materie aufs engste miteinander verknüpft. So ist es beispielsweise sehr interessant zu beobachten, daß nahezu alle Menschen entweder keine Zeit (Energie) oder kein Geld (Materie) haben. Zeit und Geld – ein ungewöhnliches Polaritätspaar, das uns die Möglichkeit eröffnet, eine epochale Lektion zu begreifen und zu meistern. Wir sehen im täglichen Leben, daß jeder von uns Energie in Materie verwandeln kann, indem er mit seiner Arbeit Geld verdient. Es lohnt sich, diese Lektion einmal zu vertiefen.

Der für unsere Generation bedeutendste Aspekt der Zeit ist der generelle Mangel an ihr, die allgegenwärtige Zeitknappheit ist bezeichnend und alarmierend zugleich. Obwohl wir eine Vielzahl von Maschinen haben, die uns unsere Arbeit abnehmen oder zumindest erheblich erleichtern, war Zeit niemals zuvor in unserer Geschichte so knapp bemessen wie heute. Vor 100, 200 oder gar 1.000 Jahren war Zeit und Zeit-Haben eine Selbstverständlichkeit. Das Bild des modernen Menschen ist ein anderes. Es ist das Bild des Gejagten. Solange ein Mensch allerdings pausenlos hetzt und von dem Gefühl überrannt wird, daß ihm ständig alles zuviel wird, solange er rennt und rennt und rennt, solange wird seine Zeit immer knapper werden. Denn er liefert dem *Prinzip der Knappheit* durch sein Denken und Hetzen Energie. Er gerät in einen Teufelskreis ohne Ausweg. Erst wenn dieser Mensch das Spiel durchschaut und erkennt, daß er mal wieder auf die Scheinwelt Maja hereingefallen ist, kann er diesen Teufelskreis durchbrechen. Er muß sich nur bewußt machen, daß Zeit im Grunde eine Illusion ist und daß es keine andere Zeit für ihn gibt, als das *Hier und Jetzt*, den Augenblick, den er gerade lebt.

Daran sehen wir, einmal aus einem anderen Blickwinkel als dem wissenschaftlichen betrachtet, wie wenig objektiv die Zeit ist. Obwohl ein Tag heute genauso 24 Stunden hat wie er dies vor hundert oder auch vor tausend Jahren hatte, ist die Zeit, die uns subjektiv zur Verfügung steht, scheinbar wesentlich knapper. Doch das liegt ausschließlich an uns. Es ist offensichtlich eine höchst vordergründige Betrachtungsweise, wenn wir in der Zeit lediglich eine »objektive«, meßbare Größe sehen, die uns als Orientierungshilfe dient. Sicher, gäbe es keine Zeit, könnten wir uns beispielsweise niemals verabreden. In der materiellen Welt brauchen wir die Zeit. Doch so wichtig ihre ordnende Funktion einerseits auch ist, Zeit stürzt uns auf der emotionalen Ebene oft in große Probleme. Sie ist es, die uns den *allgegenwärtigen* Eindruck vom Getrenntsein vermittelt. Zeit schafft somit eine Polarität zur Einheit. Ohne Zeit ist Polarität nicht möglich. Das werden wir im Kapitel »Einheit - das universale Prinzip« noch näher betrachten.

Der Gedanke daran, daß alle Dinge auf dieser Welt vollkommen voneinander getrennt sind, ist für uns Menschen überaus schmerzlich. Alle Not und alles Leid dieser Welt beruht allein auf dieser Annahme. Wir befürchten, möglicherweise nicht zu bekommen, was wir dringend benötigen. Wir sind tagein tagaus damit beschäftigt, die Grundlagen dafür zu schaffen, daß es uns und unseren Lieben wohl ergeht. Und dieses *Sorge-Tragen* nimmt zuweilen groteske Züge an. Viele Menschen haben Angst vor dem Alleinsein, Angst vor dem Verlassenwerden, Angst vor Krankheit oder wirtschaftlicher Not, Angst vor Krieg, Unfällen und Katastrophen. Die Menschen haben heute sehr häufig Angst vor dem, was kommen *könnte*. Angst begegnet uns heute überall, sie nimmt stetig zu. Hinterfragen wir gezielt die individuellen Ängste einzelner Menschen, so fällt auf, daß Ängste weitgehend irrealer Herkunft sind. Wie wir im Kapitel »Die Informationsgesellschaft« gesehen haben, ist ein Grund für die weite Verbreitung von Angst die Orientierungslosigkeit vieler Menschen. Sie entsteht einerseits auf Grund der nicht mehr faßbaren Zunahme von Information und Wissen, andererseits aber auch durch den Verfall der moralischen Werte. Durch die Auflösung der Normen, die zum großen Teil durch unsere christlich geprägte Kultur über viele Jahrhunderte gewachsen sind, sind die Fixsterne verschwunden, die uns in der Nacht unseres Lebens eine sichere Positionsbestimmung ermöglichten. Bedauerlicherweise sind in den letzten Jahrzehnten der totalen Aufklärung viele Menschen gescheitert, weil sie Irrlichtern oder dem Gesang der Sirenen gefolgt sind, da zuverlässige Wegweiser fehlten.

Sicherlich ist das institutionalisierte Christentum zu Recht gescheitert. Weder der Teufel noch das Schlechte im Menschen sind für dieses Scheitern verantwortlich zu machen. Der Mißbrauch der christlichen Lehre für Machtzwecke unterschiedlichster Interessengruppen hat dem Christentum im Laufe der Jahrhunderte seine Kraft genommen. Es ist für viele Menschen zu einer leeren Hülse verkümmert, die lediglich noch zu bestimmten Gelegenheiten einen entsprechend festlichen Rahmen abgibt. Bislang waren christliche Werte, die Regeln und Gebote für die meisten Menschen immerhin noch richtungsweisend und haben ihnen Halt gegeben. Doch hier entsteht zunehmend ein Vakuum, das ein entscheidender Faktor ist für die fehlende Geborgenheit, die Angst und Unsicherheit, die immer mehr Menschen in ihrem Leben empfinden.

Angst und Streß sind zu beängstigenden Kennzeichen unserer Gesellschaft geworden. Je mehr die Sinnhaftigkeit des Lebens verlorengeht, desto bedrohlicher werden diese Gefühle. Sie bedingen sich gegenseitig und stehen in direkter Beziehung zur Zeit. Zeit zwingt uns, uns zu entscheiden. Wir müssen Prioritäten setzen! Zeit ist die Größe schlechthin, die uns Mangel bewußt macht, die uns verdeutlicht, daß wir nicht alles haben können. Denn wer hat heute nicht den Mangel an Zeit zu beklagen. Und dieser *Generalmangel* ist es, der uns vor Augen führt, daß es da noch so vieles, vieles anderes gibt, das wir scheinbar niemals erreichen oder besitzen können.

Mangel und Begrenzung, die wir beispielsweise an der Zeit erfahren können, sind dem astrologischen Archetypus Saturn zugeordnet. (Wer sich eingehender mit den Archetypen auseinandersetzen möchte, dem empfehle ich das Buch »Sterne der Macht« von Luisa Battahany, das wunderschöne Beschreibungen der Urenergien enthält.) Saturn ist Hemmung, Langsamkeit, Stagnation.

Betrachten wir diese Begriffe etwas genauer, so fällt auch hier die Beziehung ins Auge, die sie zu Zeit und Materie haben. Bereits in den ersten Physikstunden haben wir alle die »Trägheit der Masse« erkennen gelernt. Saturn bedeutet aber auch machtvolle Transformation der polaren Realität. Wir haben den Schlüssel bereits in der Hand, den Saturn uns schenkt. Doch wir müssen noch lernen, wie wir ihn benutzen können. Der entscheidende Schritt ist die Ein-sicht, daß alle Begrenzungen, alle Mauern, alle Einschränkungen von uns geschaffene »Gefängnisse« sind. Und wir haben uns diese Begrenzungen gewählt, weil sie für uns wichtig waren, weil sie eine Funktion in unserem Leben zu erfüllen hatten. Wenn wir erkennen, daß sie uns nichts mehr nützen, daß wir sie nicht mehr länger brauchen, können wir sie einfach loslassen. Wenn wir ihnen keine weitere Beachtung schenken, ihnen keine Energie mehr geben, dann werden sie aus unserem Leben verschwinden.

Hinsichtlich der Zeit ist noch ein anderer Aspekt interessant. Das Wort »Zeit« kann auch die Bedeutung von »Epoche« haben. In diesem Sinne hat jede Zeit ihre eigene Qualität, ihre eigene Bedeutung.

Alles, was geschieht, geschieht auf Grund von Resonanzphänomenen. Es geschieht, weil es in die Zeit hineingehört, weil die Zeit reif ist. Zu welchen Zeiterscheinungen wir Resonanz entwickeln und ob wir uns den Zeitgeist zu eigen machen, liegt maßgeblich an uns. Es ist unsere Entscheidung. Aus dieser Sicht betrachtet gibt es auch keinen Zufall.

Der Zeitgeist hat übrigens einen äußerst positiven Gesichtspunkt. Dieser spiegelt sich in der Redewendung der »Gunst einer Stunde«. Auch das ist etwas sehr wichtiges, das wir lernen müssen: die Gunst einer Stunde zu erkennen und sie zu nutzen. In dieser Hinsicht leben wir, wie ich meine, in einer *wunder*-vollen Zeit. Und wir stehen noch an ihrem Anfang. Es gibt zweifellos viele Schwierigkeiten, und sie scheinen kaum lösbar. Sicher werden wir auch Katastrophen nicht vermeiden können. Aber es geht auch nicht darum, daß wir etwas verhindern oder vermeiden. Wir leben in dieser Zeit, um sie zu *meistern*. Entwicklung ist ohne Katastrophen nicht möglich. Das Wort »Katastrophe« kommt aus dem Griechischen und heißt soviel wie Wendepunkt. Wendepunkte sind die Momente im Leben, an denen etwas Neues entstehen kann. Es sind die Phasen der Kurskorrektur, ein eingefahrenes Gleis wird verlassen. Leider geschieht so etwas oft nur gezwungenermaßen. Wir Menschen sind sehr bequem und bewegen uns häufig erst, wenn uns das Leben keine andere Wahl mehr läßt. In einem Vortrag über Astrologie formuliert Thorwald Dethlefsen daher auch etwas überspitzt, daß »die Katastrophen das einzig Gute im Leben eines Menschen sind«.

Jede Zeit stellt uns vor neue Aufgaben. Aber sie gibt uns auch die nötigen Mittel, das Rüstzeug für Problemlösungen. *Wir alle* – Sie und ich – müssen endlich handeln. *Wir* müssen endlich Verantwortung übernehmen, Entscheidungen treffen. *Wir* dürfen nicht mehr länger darauf warten, daß andere den Anfang machen. Solange wir anderen die Fäden in die Hand geben, solange stehlen wir uns aus *unserer* Verantwortung. Selbst wenn es Autoritäten wie Gott sind, hinter denen wir uns verstecken, wir treten auf der Stelle und geraten täglich tiefer in die Schwierigkeiten. Wir haben phantastische Möglichkeiten. Wir müssen sie nur sehen – und sie nutzen.

Grundsätzlich kann gesagt werden, daß nichts geschieht, wofür die Zeit (noch nicht reif ist). Es geschieht nichts nichts zufällig und nichts ohne Sinn. So ist es beispielsweise auch mit Erkrankungen (die immer einen Sinn haben). Ein bestimmter Krankheitserreger trifft einen Menschen nur, wenn dieser in die augenblickliche Situation dieses Menschen hineinpaßt. Das heißt, wenn der Mensch zu diesem Krankheitserreger eine Resonanz aufbaut, wird er krank. Dies ist eine Frage der Zeitqualität, des Resonanzbodens. Das Eintreffen bestimmter Ereignisse zu einem bestimmten Zeitpunkt ist eine Frage des Entwicklungsstandes. Es wird einem Menschen nichts passieren, was nicht zum Zeitpunkt des Ereignisses gut und richtig für ihn ist. Andererseits wird ihm all das begegnen, was er braucht und wofür er bereit ist. In vielen Weisheitslehren ist daher diese Aussage zu finden: »Wenn der Schüler bereit ist, wird sich der Lehrer von selbst einstellen.« Haben wir diese Überzeugung, so sind wir gelassen. Gelassenheit in diesem Sinne hat nichts zu tun mit Resignation.

In seinem Buch *Schicksal als Chance* schreibt Thorwald Dethlefsen: *»Alles, was ist, ist gut, weil es ist.«* Dies ist ein ungeheurer Satz. Wenn wir diese Aussage verstehen, wenn wir sie *verinnerlichen* können, dann gibt es keine Angst mehr in unserem Leben. Auf dieser absoluten Gewißheit gründen die Sicherheit und die Geborgenheit, die keine Angst mehr kennt. Diese Gewißheit ist allerdings alles andere als eine emotionslose Gleichgültigkeit, die einfach alles widerspruchslos erduldet, was einem begegnet. Sie ist alles andere als Resignation. Diese Gewißheit ist in dem tiefen archetypischen *Wissen* verwurzelt, daß es eine lenkende Intelligenz gibt, eine persönliche Macht, die sich uns Menschen in tiefer Liebe verbunden fühlt. Die Institution der Kirche ist zu Recht und *Not*-wendigerweise zerfallen. Aber an ihre Stelle ist etwas viel Größeres und Erhabeneres getreten: die persönliche, direkte Beziehung jedes einzelnen Menschen zu Gott.

Wir alle sind Zeuge der brutalen Ereignisse vom 11. September 2001 in New York geworden. Das, was da geschah, hatte in vielen Menschen Angst, ja geradezu Panik aufkommen lassen. Das nicht kalkulierbare Risiko, einmal Opfer eines ähnlichen Szenarios werden zu können, hatte viele geradezu gelähmt. Das Leben in der »heilen« westlichen Welt war durch die Ereignisse von New York wieder ein Stück unberechenbarer geworden. Wir hatten uns bequem und sicher eingerichtet, Katastrophen und Kriege in gebührendem Abstand vor unsere Türen verwiesen. Nun mußten wir einsehen: Leben ist niemals ohne Risiko. – Aber diese Erkenntnis sollte nicht dazu führen, daß wir Angst bekommen. Erst recht sollten wir uns unter gar keinen Umständen von derartigen Ängsten unser Leben diktieren lassen. Wir müssen ihnen etwas entgegensetzen – und zwar das Wissen, daß es eine Kraft gibt, die über uns wacht. Wir können uns dieser Kraft anvertrauen. Wir können, ja wir müssen in immer innigere Verbindung mit ihr treten. Diese *All*-Macht läßt sich von unserem Verstand alleine niemals fassen. Sie kann nur von unserem ganzen *Sein* verinnerlicht werden. Um in unserer heutigen Zeit das Leben *meistern* zu können, müssen wir unsere Intuition und unsere Gefühle ernstnehmen und ihnen in unserem Alltag den ihnen gebührenden Platz einräumen.

Es gibt viele Berichte von Menschen, die vor irgendwelchen Gefahren von einer inneren Stimme gewarnt wurden. Oder sie sind auf andere wundersame Weise vor etwas »bewahrt« worden. Ich bin sicher, es gab auch rund um den 11. September 2001 solche Wunder. Fest steht: Es gibt Instanzen in *uns* und in unserem *Universum*, die uns für Krisen und zum Schutz vor jedweden Gefahren zur Verfügung stehen. Wir müssen diese Kräfte (an-)erkennen und lernen, mit ihnen zusammenzuarbeiten.

Sinn und Zweck dieser Welt, in der wir leben, ist *Ent*-wicklung, ist vor allen Dingen auch unsere menschliche Entwicklung. Diese ist nur möglich, wenn sich unser Bewußtsein *ent*-wickelt, das heißt wenn sich unser Bewußtsein erweitert. Ein naturgegebenes Werkzeug, das uns bei dieser Bewußtseinsentwicklung hilft, ja uns in diesem Prozeß führend begleitet, ist unsere Intuition. Über die Intuition sind wir mit der Quelle der Weisheit unseres Universums verbunden. Egal, wie wir diese Macht nennen, wir können mit ihr in direkten Kontakt treten. Ja wir sind bereits mit ihr verbunden. Diese Macht ist für jeden persönlich da. Sie wartet nur darauf, von uns in Anspruch genommen zu werden.

Wir befinden uns am Übergang in ein neues Zeitalter. Das Wassermannzeitalter hat begonnen. Somit passieren wir zeitgeschichtlich-astrologisch gegenwärtig einen Wendepunkt. Diese Tatsache ist denn auch der Grund für die vielen Schwierigkeiten, die am Anfang des Buches aufgezeigt wurden. Es ist auch durchaus möglich, daß uns die mannigfach prophezeiten Katastrophen noch bevorstehen, auch wenn wir den Jahrtausend-Jahreswechsel unbeschadet überstanden haben. Katastrophen gehören zum Überschreiten von Wendepunkten dazu. Die einzige Möglichkeit, die wir haben, um katastrophale Ereignisse in unserer Zukunft zu *meistern*, wird unsere Fähigkeit sein, über unseren geistig-verstandesmäßigen Schatten zu springen. Resignation ist jedenfalls nicht angesagt! Nehmen wir unsere Chance wahr. Lassen Sie uns gemeinsam aufbrechen. – *Die Zeit ist reif!*

Lösungen sind bereits vorhanden

»Du kannst fliegen, ja, du kannst!
Laß den Wind von vorne wehn,
breite die Flügel, du wirst sehn:
du kannst fliegen, ja, Du kannst.«

(aus Reinhard Mey »*Lilienthals Traum*«)

Es ist nicht das Anliegen dieses Buches, ein Patentrezept fürs Fliegen zu liefern. Eigentlich geht es in erster Linie auch nicht um Lösungen. Es kommt nämlich gar nicht auf das Ziel, die Lösung, an. *Das Entscheidende ist der Weg dorthin.* Wir müssen unser Potential kennenlernen. Probleme und Lösungen sind Polaritäten, sind das Spannungsfeld, in dem wir uns bewegen. Dieses Spannungsfeld ist der Sinn für unsere Anwesenheit auf diesem Planeten. Es zwingt uns, uns auf das Abenteuer einzulassen, unsere göttlichen Kräfte zu erschließen und zu gebrauchen. Es wird daher auch auf dieser Welt niemals problemfreie Zonen geben. Es kann sie gar nicht geben. Denn wie wir bereits gesehen haben, sind Probleme die Folge der Polarität dieser Welt.

Es geht nicht um die Frage, ob jemand Probleme hat oder nicht. Es geht nicht darum, Leid, Schmerz und Traurigkeit zu vermeiden, sondern allein um die Frage, wie wir mit solchen »negativen Dingen« umgehen. In diesem Sinne sollen Lösungen, die andere bereits gefunden haben, uns helfen. Nicht dadurch, daß wir diese kopieren, sondern dadurch, daß sie uns Mut machen und uns zeigen, daß es für jedes Problem auch eine Lösung gibt. Ich möchte hier einige Beispiele vorstellen.

Eines der interessantesten und zugleich ältesten Beispiele ist die Entdeckung der Tachionen-Energie durch Nicolas Tesla, welche die Lösung aller unserer Energieprobleme sein könnte. Und sie ist beinahe ein ganzes Jahrhundert bekannt. Doch Tesla und seine Arbeiten fanden nicht nur kaum Beachtung, sie wurden aktiv sabotiert. Tesla kam unter mysteriösen Umständen ums Leben, seine Forschungsarbeiten und -ergebnisse fielen einem Brand in seinem Labor zum Opfer. Auch Wilhelm Reich hat bereits nach dem Zweiten Weltkrieg ebenfalls mit einer interessanten Energiequelle gearbeitet, wenngleich die auf einer ganz anderen Ebene lag: die Orgon-Energie. Auch er wurde wissenschaftlich geächtet, verspottet und massiv bekämpft. Interessant ist, daß beide Energiearten bis heute noch genutzt werden, zugegebenermaßen nur von Außenseitern und Individualisten, aber das Interesse an diesen Energien nimmt in letzter Zeit erheblich zu. In der Komplementär-Medizin sind es die Bio-Resonanz und die Radionik, die heute weitverbreitete energetische Methoden sind, mit denen gesundheitliche Störungen sehr erfolgreich behandelt werden können. Ein anderes Beispiel ist das Plocher-Energie-System: Der gelernte Mechaniker Roland Plocher arbeitet mit seiner Methode überwiegend im Umweltbereich. Er programmiert organische Substanzen (Mineralien, Quarzsand, Holz) mit bestimmten Informationen. Dies führt über energetische Prozesse zu bestimmten Reaktionen auf der materiellen Ebene. Mit der Anwendung seines Systems hat er diverse Gewässer erfolgreich saniert, und im Bereich der Landwirtschaft sind ihm mit speziellem Energie-Dünger und Gülleaufbereitung erstaunliche, ja nahezu spektakuläre Erfolge gelungen. Daß diese Ideen nicht neu sind, zeigt die Homöopathie. Auch sie wirkt, zumindest wenn die hohen Potenzen betrachtet werden, nur auf einer energetischen Ebene. Oberhalb der D23 (23. Dezimalpotenz) befindet sich nämlich in einem homöopathischen Arzneimittel kein einziges stoffliches Molekül der Ausgangssubstanz mehr. Nur die Information des ursprünglichen Stoffes ist in der Trägerlösung noch enthalten. Jeder, der einmal Hochpotenzen verabreicht bekommen hat, kennt sicher deren besonders intensive Wirkung.

Eine hochinteressante weiterführende Lektüre zu der Thematik Wissenschaft und Problemlösungen ist das Buch »*Sieben Experimente, die die Welt verändern könnten*« von Rupert Sheldrake, dem Entdecker der Morphogenetischen Felder. Er bringt in diesem Buch einige interessante Beispiele naturwissenschaftlicher Phänomene, die in der Öffentlichkeit kaum bekannt sind. Weitere höchst interessante Beobachtungen werden in dem Buch »*Das geheime Leben der Pflanzen*« von Peter Tompkins und Christopher Bird beschrieben, es geht hierin im wesentlichen um energetische Phänomene. Eine darin geschilderte Begebenheit möchte ich kurz wiedergeben: Im Sommer 1951 (!) unternahmen zwei Ingenieure in Arizona einen denkwürdigen Versuch. Sie benutzten einen Oszilloklasten, einen Frequenzgenerator, zur Schädlingsbekämpfung auf Baumwollfeldern. Dieser Apparat war vom amerikanischen Arzt Dr. Albert Abrams entwickelt worden. Dr. Abrams, nach dem dieser Apparat auch Abrams-Box genannt wurde, hatte damit bereits in den ersten Jahren des 20. Jahrhunderts erfolgreich schwerkranke Menschen behandelt. Mit diesem Oszilloklasten wurden nun Baumwollfelder behandelt, aber nicht direkt, sondern indem Fotos von ihnen mit diesem Apparat »bestrahlt« wurden. Neben der sehr erfolgreichen Schädlingsbekämpfung wurden dadurch auch die Erträge der behandelten Felder erhöht, sie lagen 20 bis 25 % über dem Durchschnitt.

An der Ostküste der Vereinigten Staaten wurde von einem anderen Wissenschaftler ein ähnlicher Versuch unternommen. Das besondere an diesem Versuch war, daß der Wissenschaftler seine Behandlung über ein Foto des betreffenden Feldes durchführte und zuvor von diesem Foto eine Ecke abschnitt. Bei der Kontrolle des Behandlungserfolges wurde dann festgestellt, daß auf dem Feld 80-90 % der Schädlinge vernichtet worden waren, der Befall im Bereich der abgeschnittenen Ecke hingegen hatte noch zu 100 % Bestand.

Aber auch ganz handfeste und praktische Lösungen für aktuelle Alltagsprobleme existieren bereits. Es gibt das 3-Liter-Auto, es gibt den Wasserstoff-Antrieb. Doch viele hervorragende Erfindungen werden einfach nicht gefördert, weil dadurch große Geschäfte verlorengehen würden, wie zum Beispiel das Mineralölgeschäft.

Das faszinierendste Beispiel dafür, was an »großen Lösungen« möglich ist, hat uns die Freiheitsbewegung in der DDR Ende der 1980iger Jahre gezeigt. Mit Mut, Entschlossenheit und Konsequenz hat sie etwas zustande gebracht, was damals wohl weltweit niemand für möglich gehalten hätte – außer die Akteure selber. Sie hatten eine Idee, eine Vision. Sie konnten sich den Fall der Mauer *vorstellen*. Und sie waren bereit, etwas dafür einzusetzen. Als die Freiheitsbewegung der DDR mit ihrer Arbeit begann, war die Macht der DDR noch ungebrochen. Aber es dauerte nicht lange und ein Staat, der rücksichtslos seine Macht einsetzte, fiel in sich zusammen wie ein Kartenhaus.

Alle diese Beispiele zeigen uns eindrucksvoll, daß wir aufhören müssen, Problemlösungen nur auf der materiellen Ebene zu suchen. Lösungen auf der energetischen Ebene sind gefragt. Sie sind das Geniale. Und wir brauchen für unsere heutigen Probleme *geniale* Lösungen. Hätten die Menschen in der damaligen DDR den Fall der Mauer materiell, also mit Einsatz von Kraft und Gewalt herbeiführen wollen, es hätte vermutlich ein gigantisches Blutbad gegeben. Die geistigen Kräfte sind unvergleichlich wirkungsvoller, und es ist nahezu unmöglich, ihnen auf der materiellen Ebene etwas entgegenzusetzen.

Die Mauer in der Mitte Deutschlands existiert heute nicht mehr. Aber in den Köpfen der meisten Menschen existieren ganz andere Mauern. Wir bauen uns fast alle unsere »netten kleinen Gefängnisse«, in denen wir uns dann behaglich einrichten. Und wir sind ganz zufrieden mit unserer Begrenztheit. Hauptsache, wir haben unsere Ruhe und unseren Komfort.

Schwierigkeiten sind nichts anderes als Aufgaben für uns. Und diese können durchaus positiv betrachtet werden. Alle Probleme, mit denen wir konfrontiert werden, sind nichts anderes als »Trainingsmöglichkeiten«. Dies gilt für uns als Menschheit insgesamt, aber ebenso oder sogar noch viel mehr für jeden einzelnen Menschen. Wir können durch Schwierigkeiten lernen. Jedes Problem will überwunden werden. Und mit jedem Problem, das wir überwinden, lernen wir, Grenzen zu überschreiten, kommen wir unserem eigentlichen Ziel, der Metamorphose, einen Schritt näher. Wenn wir einmal gar keine Lösungen für ein Problem sehen, dann ist dieser Umstand die sichere Aufforderung an uns, unseren Bezugsrahmen zu verändern. Diesen Prozeß nennt Joan Borysenko *Refraiming*. Wenn wir innerhalb unseres gewohnten Handlungsraumes keine Lösungen für bestimmte Aufgaben finden, müssen wir über den »Tellerrand« hinaussehen und dort auf neuem, unbekanntem Areal einen Ausweg finden. Refraiming ist eine Erweiterung oder Neugestaltung unseres Bezugsrahmens. Die Grenzen in unserem Leben werden weiter und weiter, ja sie verschwinden letztendlich ganz.

Es ist erschreckend, daß wir maximal nur 20 % unserer geistigen Fähigkeiten in Anspruch nehmen, auf der seelischen Ebene liegt der Nutzungsgrad sicher noch deutlich niedriger. Und das vor dem Hintergrund, daß wir unsere Aufgaben nicht schaffen und immer gestreßt sind. Da sind erhebliche Ressourcen, die brachliegen, mit denen wir einfach nur arbeiten müssen. Wir brauchen Trainingsmöglichkeiten, effektive Übungen, um unsere geistigen und seelischen Kapazitäten besser zu nutzen. Denn: Materie gehorcht unserem Geist! (siehe Kapitel »Die Informationsgesellschaft«). Wagen wir doch einfach einen Versuch.

Es gibt viele verschiedene Systeme mit ihren eigenen Denkmodellen, praktischen Anwendungsmöglichkeiten und Übungen. Yoga, autogenes Training, Meditation sind die bekanntesten. Wer sich vor Übungen scheut, kann zunächst auch lesen oder Audio-CDs verwenden. Es gibt beispielsweise schöne Kommentare zum *»Tao Te King«*, sehr gern mag ich den von Wayne Dyer. Schauen Sie sich doch einfach einmal um. Lassen Sie sich dabei inspirieren, von Ihrer Intuition leiten. Lassen Sie sich einmal überraschen, welche Bücher Ihnen in der nächsten Zeit »zufällig« in die Hände fallen. Seien Sie einfach ein bißchen sensibel, aber locker dabei. Probieren Sie einfach einmal etwas Neues aus. Doch vergessen Sie dabei nicht: Sie müssen *Ihren* Weg suchen. Es ist keine Lösung, andere zu kopieren. Suchen Sie Ihren Weg, finden Sie ihn *und* gehen Sie ihn dann auch! Denken Sie daran: Es gibt kein richtig oder falsch, es gibt allenfalls lehrreiche Umwege. Wichtig ist allerdings, daß etwas getan wird. Die Anregungen hier nur intellektuell zur Kenntnis zu nehmen, sie interessant zu finden, hilft nicht weiter und wird auch nichts verändern.

Wenn wir über Lösungsmöglichkeiten nachdenken, besonders auf der energetischen Ebene, dann gehört das »positive Denken« sicherlich auch dazu. Es wird viel darüber geredet und geschrieben. Aber die Sache funktioniert wohl doch nicht ganz so leicht, wie sie sich anhört, sonst hätte sich längst viel mehr verändern müssen. Positives Denken ist ein Fragment mit geringem Wirkungsgrad. Kraftvolle Wirkung erhält es erst durch das Zusammenwirken mit positivem *Fühlen und Handeln*. Solange wir nur positiv denken und allenfalls noch reden, uns dabei aber nicht auch gut fühlen, bekommt unser Organismus widersprüchliche Informationen. Diese Widersprüchlichkeit ist sehr gefährlich. In der modernen Krebsforschung wurde beispielsweise herausgefunden, daß innere Zerrissenheit, das Widerstreiten zwischen dem, was ein Mensch denkt und fühlt, und dem, was er sagt und wie er lebt (oder leben muß), eine Hauptursache für schwere chronische Krankheiten ist. Widersprüchlichkeit kann niemals gute Resultate erzeugen. Ein Ziel kann nur erreicht werden, wenn alle beteiligten Kräfte synchron in die gleiche Richtung wirken. Erfolgreiches positives Denken muß unser Fühlen und Handeln gleichberechtigt mit einbeziehen.

Fassen wir die Betrachtungen in den bisherigen Kapiteln zusammen, kann eines mit absoluter Sicherheit gesagt werden: dauerhaft tragfähige Lösungen für die Probleme und Fragen des 21. Jahrhunderts sind auf der materiellen Ebene allein niemals zu finden. Daher können sie auch von der materiell-mechanistischen Wissenschaft der Gegenwart nicht erbracht werden. *Es sind die Kräfte auf der energetischen Ebene, allen voran unser Denken, es sind die immateriellen Ressourcen, die unsere Probleme in Zukunft lösen können.* Diese Kräfte sind leider noch weitgehend unbekannt und ungenutzt.

Wir leben in einer Zeitenwende, stehen an der Schwelle einer neuen Epoche. Wenn wir überleben wollen, dann müssen wir zu allererst lernen, unserem Verstand die Hybris zu nehmen, die er im 20. Jahrhundert entwickelt hat. Wir müssen ihn wieder gleichberechtigt eingliedern in die Dreiheit Körper, Seele und Geist. Neben dem hohen

Gut körperlicher Gesundheit und Leistungsfähigkeit, das uns nicht einfach so zufällt, müssen wir unseren Gefühlen, unserer Intuition und auf der geistigen Ebene – neben dem logischen Verstand – vor allen Dingen unseren immensen mentalen Fähigkeiten viel mehr Beachtung schenken. Unser Körper ist unsere materielle Existenz. Durch ihn drücken wir uns aus. Er ist aber auch eine Art Spiegel. Durch unseren *Körper* wird sichtbar, was jenseits der Materie durch uns bewirkt wird. Er spiegelt uns die Folgen unseres Denkens und Wirkens. Unser *Fühlen* und *Denken*, wenn wir beides richtig einsetzen, sind ein unerschöpfliches Kraftreservoir. Und unsere *Intuition* verbindet uns mit dem *All*-Bewußtsein. Nur wenn unser Tun (Körper), unser Fühlen (Seele) und unser Denken (Geist) mit all seinen mentalen Kräfteaspekten in absoluter Einheit zusammenwirken, dann werden wir den nächsten Schritt in unserer menschlichen Entwicklungsgeschichte meistern. Dann wird uns der Übergang ins Wassermannzeitalter gelingen.

Wir müssen den Quantensprung in unserer Entwicklung endlich wagen. Es gibt eine Fülle von Denkansätzen für unsere eigenen Entwicklungsmöglichkeiten und für die Veränderung und Erneuerung unserer Welt. Um das Spektrum der uns zur Verfügung stehenden Möglichkeiten zu erfassen, müssen wir nur unsere einseitig rationale Betrachtungsweise aufgeben und uns der Ganzheit zuwenden. Verstand und Intuition gehören zusammen und müssen zusammenwirken. Gemeinsam stehen sie für den mentalen Aspekt unserer Persönlichkeit. Wir müssen unsere Fähigkeiten aber neben diesem mentalen Aspekt auch gleichermaßen auf der materiellen und der emotionalen Ebene entwickeln. Erst dadurch können wir unser Potential wirklich ausschöpfen. Veränderungen auf der materiellen Ebene sind am schwierigsten. Materie ist geronnene Energie. Durch Veränderung auf der energetischen Ebene, ändern wir die materielle Ebene automatisch mit. Dies ist wie in der Mathematik. Zwei Seiten einer Gleichung ändern sich immer gemeinsam.

*Ganz*heitliches Sein bedeutet, ein wohl ausbalanciertes Leben zu führen, bei welchem dem körperlichen Wohlbefinden einerseits durch das richtige Maß an Bewegung, andererseits durch gekonntes Relaxen Rechnung getragen wird. Auch unsere Gefühle müssen wir berücksichtigen, ja wir müssen sie leben. Und der mental-geistige Aspekt ist ebenfalls zu integrieren. Ein Maßstab für eine gelungene Balance zwischen diesen Faktoren ist, daß wir eine tiefe innere Gelassenheit und Frieden empfinden, wir in unserer Mitte sind. Wenn uns diese Ausgewogenheit unseres Lebens gelungen ist, dann haben wir den Schlüssel zur Entwicklung unseres Bewußtseins gefunden. Und die Bewußtseinsentwicklung ist die Aufgabe, die für das 21. Jahrhundert vor uns liegt. Die müssen wir erfolgreich meistern.

BEWUSSTSEIN

»Ich habe noch nie erlebt, daß jemand auf schlechte Zeiten gespart hat, und die schlechten Zeiten wären nicht gekommen, als wären sie geplant worden.«

(Mike Todd)

Die sichtbare, materielle Ebene ist zwar vordergründig sehr eindrucksvoll, aber sie ist nur eine Scheinwelt: Maja. Sehr gut bringt diesen Sachverhalt der Film *»Matrix«* zum Ausdruck. Er zeigt das Verwechslungsspiel von Ursache und Wirkung, auf das wir alle nur allzu leicht hereinfallen. Da die materielle Ebene nur der Spiegel dessen ist, was in uns ist oder in uns abläuft, ist sie niemals die Ursache für etwas, das geschieht. Wie im letzten Kapitel geschildert, geht es in erster Linie um das Bewußtsein. Die Lösungen für alle bedeutsamen Fragen liegen auf der Ebene unseres Bewußtseins. Sie sind energetischer Natur. Über unser Bewußtsein haben wir Zugang zu ungeahnten Ressourcen. Es ist die Schnittstelle zwischen der materiellen Welt und dem *All-Bewußtsein*, dem Göttlichen.

Betrachten wir Bewußtsein von der sprachlichen Seite, dann fällt auf, daß es dafür Bewußtsein keinen Plural gibt. Das besagt also eindeutig, das Bewußtsein nicht etwas Persönliches sein kann. Hätte jeder Mensch sein eigenes Bewußtsein, dann müßte es zwangsläufig mehrere »Bewußtseine« geben. Es gibt aber nur *ein* Bewußtsein. Und an diesem kann jeder Mensch partizipieren. Dieses Bewußtsein ist vergleichbar mit der Energiequelle elektrischer Strom. Wir alle können an dieser Energiequelle teilhaben. Dazu brauchen wir nur den Stecker in die Steckdose zu stecken.

Natürlich kann jeder sein Bewußtsein erweitern. Aber dies geschieht, indem er sich einfach tiefer mit dem All-Bewußtsein verbindet, gerade dadurch, daß er seine Abgrenzung aufgibt. Dadurch wird seine Verbundenheit mit anderen Menschen, Kräften, Dingen und letztlich auch mit Gott intensiver. Diese Wahrnehmungsveränderung wirkt sich dann auf das gesamte Potential eines Menschen aus. Ebenso kann sich der Mensch aber auch beschränken, sich begrenzen, indem er sich von den Kräften des All-Bewußtseins abschneidet.

Das Bewußtsein ist – auch wenn es nichts Materielles ist – gewissermaßen die »Hardware«, die »Festplatte«, die uns Gott, das Universum oder wie wir die Schöpferkraft sonst nennen wollen, zur Verfügung stellt. Ihre Kapazität ist unerschöpflich. Kein bisher existierender Rechner kann es auch nur annähernd mit dieser Hardware aufnehmen. Allerdings nutzen wir sie – leider – nur zu einem Bruchteil. Wir können unser Bewußtsein so programmieren, wie wir es wollen. Es liegt bei uns, welche Software wir uns dafür aussuchen. Es gibt das »Programm« Krankheit, das »Programm« Streß und Hektik oder aber das »Programm« Erfolg und Fülle. Alles, was uns begegnet, ergibt sich ursächlich aus unserer Programmierung.

Die Erkenntnis, daß das Denken sich auf die Realität auswirkt, finden wir bereits im alten Ägypten. Hermes Trismegistos, ein ägyptischer Gelehrter und Verfasser hermetischer Schriften, erklärte bereits damals, daß auf dieser Erde alles festen Gesetzen folgt. *Es gibt auf dieser Welt keinen Zufall und auch kein blindes Schicksal.* Es gibt eine feste, allgemeingültige Ordnung, die auf unumstößlichen Prinzipien beruht. Wir sind hier, um an dieser Ordnung zu wachsen und zu lernen. Dabei geht es aber eben nicht darum, daß wir alles richtig machen. Unsere Aufgabe in dieser Welt ist, uns zu entwickeln. Unser Leben soll uns Erkenntnis für die Zusammenhänge vermitteln. Es geht um alles mögliche in diesem Leben, um Großes ebenso wie um Kleinigkeiten, aber es geht niemals um kleinkariertes Paragraphentum, um Fanatismus oder um Dogmen.

Wir sind hier, um unser *Bewußtsein* zu erweitern, um die Gesetzmäßigkeiten des Lebens, ja des Seins schlechthin zu *be-greifen*, ja wir müssen sie verinnerlichen. Es geht letztlich eben gerade nicht darum, uns irgendwelchen menschlichen Richtlinien zu unterwerfen, sondern darum, Grenzen und Begrenzungen zu überwinden, ja einzureißen, was uns blockiert, was uns im Materiellen gefangenhält. Es geht um die Befreiung unseres persönlichen Anteils am All-Bewußtsein oder besser unseres Bewußtseinsstandes – und damit um unsere Befreiung. Dazu müssen wir nur unseren Teil des Bewußtseins mit dem All-Bewußtsein verbinden.

Mit Befreiung ist selbstverständlich nicht und niemals Anarchie gemeint. Genauso wenig verstehe ich unter Ordnung »Recht und Ordnung«, sondern die, die auf Prinzipien, auf den *Ur-Prinzipien* beruht. Diese finden wir als Archetypen in den Sternbildern und Planeten der Astrologie, in allen Weisheitssystemen, aber auch in philosophischen und religiösen Lehren sowie in den Mythen und Sagen des europäischen Altertums. Uns mit diesen Prinzipien auseinanderzusetzen und sie zu verstehen, kann für unsere Bewußtseinsentwicklung sehr hilfreich sein. Welche Art des Zugangs wir dafür wählen, spielt keine Rolle. Wir sollten uns danach richten, was uns am meisten liegt, womit wir uns am ehesten identifizieren können.

Es ist nicht einfach, die Gedanken, die ich vermitteln möchte, in Worte zu fassen, denn wie es der Liedermacher Reinhard Mey treffend formuliert, lauert bei diesem Unterfangen überall die Gefahr, daß die Worte den Sinn der Gedanken verdrehen. Es besteht das Risiko, mißverstanden zu werden. Aber dieses Risiko muß ich eingehen, wenn ich mich an die Grenzen des gesicherten Wissens nicht nur heranwage, sondern sie auch noch überschreite. Doch die Notwendigkeit, unsere Welt zu retten, uns und unseren Kindern eine sinnerfüllte Zukunftsperspektive zu geben, ja in unserer Zeit die Möglichkeit einer Götterdämmerung in absolut positivstem Sinn am Horizont aufzuzeigen, dies alles zwingt geradezu, einen Grenzgang zu wagen.

Drei Begriffe, die miteinander in enger Beziehung stehen und die ich im folgenden näher betrachten möchte, sind: *Ordnung*, *Symbole* und *Rituale*. Ordnung ist, wie oben bereits gesagt, ein heikles Thema. Es geht nicht um menschliche, erdachte Ordnungen, nicht um Gesetze. Gemeint ist *die Ordnung*, welche die Spielregel, die Grundlage des Lebens auf dieser Welt ist. Indem wir an dem großen Spiel teilnehmen, indem wir mitspielen, lernen wir, *die Ordnung* zu verstehen. Es geht in diesem Zusammenhang, wie bereits mehrfach betont, keineswegs darum, alles richtig zu machen. Angst davor, etwas Falsches zu tun, lähmt. Viele Menschen tun daher lieber gar nichts in der Ansicht, daß dann auch nichts falsch sein oder gemacht werden kann. Aber, und das ist die besondere Tragik, gerade dieses »Nichts-Tun« ist der *einzige Fehler*, den wir machen können.

Das Thema *Bewußtsein* findet heute durch die starke Verbreitung esoterischen Gedankengutes weiträumig Beachtung. Es gibt viele Bücher, ja ganze Systeme, die uns bei der Entwicklung des Bewußtseins helfen sollen – auch wenn vieles weit über das Ziel hinausschießt. Ob Feng Shui, Astrologie, Meditation, Yoga oder was sonst noch gerade aktuell ist auf dem Markt, alle diese Systeme leben. Sie lassen sich nicht einfach vor irgendeinen Karren spannen. Jedenfalls funktioniert das nicht auf Dauer. Diese Systeme wollen erfahren werden, sie wollen gelebt werden. Dann werden sie uns wichtige Einsichten vermitteln. Sie werden sich uns *offenbaren*. Es geht bei dem Umgang mit Bewußtsein nicht um Manipulation! Bewußtseinsentwicklung ist ein Prozeß. Bewußtsein wächst in uns wie eine Pflanze. Nicht Manipulation, sondern Geduld und einfühlsame Pflege sind wichtig.

Es gibt in Computerkreisen einen schönen Satz, der lautet: *garbage in garbage out*. Übersetzt heißt das, wenn ich einen Computer mit Müll füttere, dann kommt dabei auch immer nur Müll heraus. Wenn ich mir ansehe, was wir Menschen auf allen Ebenen in uns hineinschütten oder auch nur hineinlassen, dann kann ich nur staunen, wie die meisten das über lange Zeit bei recht guter körperlicher und geistiger Gesundheit verarbeiten können. Es beginnt mit der Ernährung: Gegessen wird heute »Fast food«, Fleisch von Tieren, die keine Sonne in ihrem Leben gesehen haben und oft so krank sind, daß sie den

Transport zum Schlachthof nicht überleben, von Tieren, die mit völlig kranker industrieller Nahrung auf schnellen Fleischansatz gefüttert werden, von Tieren, die oft nur durch Medikamente am Leben erhalten werden. Auch bei den Pflanzen aus der konventionellen Landwirtschaft sieht es nicht besser aus. Durch Kunstdünger und Gentechnik wird auch hier auf Gewinnmaximierung hin gearbeitet und weniger auf Qualität geachtet. Vitamine und Vitalstoffe sind in diesen »industriell« erzeugten Pflanzen meist sehr wenig enthalten. Wenn das unsere Nahrung ist, dann ist dies durchaus besorgniserregend. Eine solche Art der Ernährung ist eine hochgradige Bedrohung unserer Gesundheit, ja unserer Gesellschaft. Diese Bedrohung hat aber noch eine tiefere Dimension: Es geht nicht nur darum, was wir essen, sondern auch um die Gedankenlosigkeit, die Gleichgültigkeit, mit der wir unsere Nahrung auswählen, ja unser Leben führen. Es ist die Art, wie die Menschen über lange Jahre mit Tieren, Umwelt und Natur umgegangen sind und immer noch umgehen. Dieses Verhalten ist Ausdruck eines kranken Denkens, einer degenerierten Einstellung gegenüber dem Leben insgesamt. Und letztlich ist es diese Einstellung, die mit den universalen Gesetzen in Kollision gerät und korrigiert werden muß. Und es ist allerhöchste Zeit, daß wir uns dafür interessieren, wo das Fleisch, das Gemüse, das Getreide und der Fisch, all das, was wir essen, herkommt. Und das, weil unsere Ernährung nicht nur eine Frage der Nährstoffaufnahme ist. Ernährung hat auch etwas mit Bewußtsein zu tun! Sehr viel sogar. Gerade bei der Gentechnik wird diese Frage sehr brisant, weil wir hier etwas in Gang setzen, daß uns höchstwahrscheinlich außer Kontrolle geraten wird und damit keine Frage der Ernährung, sondern des Lebens oder des Überlebens allgemein ist. Der Mensch spielt bei der Genmanipulation Schöpfer, er spielt Gott. Nur die Folgen kann er nicht absehen. Wir experimentieren mit der Natur, wie ein unbedarfter Jugendlicher mit seinem Chemiebaukasten. Schon einmal wollte der Mensch sein wie Gott, als er im Paradies den Apfel aß. Damals wurde ihm dieses Ansinnen zum Verhängnis. Ich befürchte, diese Katastrophe wird sich wiederholen, wenn wir so weitermachen.

Die Natur, besser gesagt das Universum oder aber auch Gott, egal, wie wir die ordnende Instanz benennen, es gibt sie und sie wird eingreifen. Wir *müssen* mit ihr rechnen. Armselig ist, wer glaubt, der Mensch mit seiner Wissenschaft könne nach den Sternen greifen und eines Tages das Universum beherrschen, ja schlimmer noch, es seinen Wünschen, Vorstellungen und seiner Macht- und Profitgier unterordnen. Das können, ja das müssen wir an den Umwelt- und Naturkatastrophen lernen, die uns gegenwärtig heimsuchen. Eine Gesellschaft, die so verachtend mit dem Leben und der Natur umgeht, auch wenn es »nur« das Leben von Tieren und Pflanzen ist, befindet sich weit entfernt von der Harmonie mit dem Universum und seinen Naturgesetzen und ist wahrscheinlich sogar in die verkehrte Richtung unterwegs. Dieses Verhalten schreit förmlich nach Gegenmaßnahmen. Und der Kosmos wehrt sich – und zwar heftig.

Das ist es, was ich mit Ordnung meine: Das Leben und seine Achtung sind grundlegend wichtige Prinzipien der Ordnung dieser Welt. Ein anderes Prinzip ist, daß jeder das ernten wird, was er sät. In der Physik heißt dieses Prinzip »actio gleich reactio«. Ein schönes Beispiel hierfür ist die BSE-Krise, die für die meisten Menschen schon lange in Vergessenheit geraten ist. Hier ernteten wir offensichtlich das, was wir mit unserer lebensverachtenden Fleischproduktion gesät hatten. Das gefährliche ist nicht nur das, was wir essen, auch wenn das alle meinen. Gefährlich sind vor allem das Denken und die Einstellung, die zu unserem heutigen Verhalten gegenüber den Tieren und der ganzen Natur führen. Unsere Ernährung ist nicht eine Frage der materiellen Nährstoffzufuhr, sie ist in erster Linie eine Frage des Bewußtseins. An diesem Beispiel sehen wir wieder in hervorragender Weise, daß wir durch die materielle Ebene hindurchsehen müssen, daß es auf die Bedeutungsebene ankommt.

In unserem Universum geht nichts verloren! Es kommt aber auch nichts Neues hinzu. Was wir auf der einen Seite geben, erhalten wir auf der anderen Seite unseres Lebens immer wieder zurück. Alles war und ist in diesem Universum schon immer vorhanden, und es wird auch in Zukunft vorhanden sein. Was sich in der direkten Gegenwart im Leben eines Menschen materiell manifestiert, ist ausschließlich eine Bewußtseinsfrage. Viele Menschen sind so erzogen worden, daß Bescheidenheit eine Zier ist. Es wurde ihnen gesagt, daß das Leben hart ist, daß einem nichts geschenkt wird, daß alles, vor allem Geld, sauer verdient werden muß. Außerdem ist Geld eine schmutzige Sache. Das Leben an sich ist feindlich. – Ein Mensch mit diesen Glaubenssätzen kann nur Probleme haben mit Geld und Besitz. Er nimmt nichts an, was das Universum ihm schenken möchte.

Sein Gleichgewicht von Geben und Nehmen ist in einer dramatischen Schieflage. Sein Mangelbewußtsein prägt die Wirklichkeit seines Alltags. Und die ist alles andere als schön.

Das Universum ist sehr großzügig und existiert aus dem Überfluß heraus. Überall da, wo dieser *Über-Fluß* unterbrochen ist, stimmt etwas nicht. Dieser Grundsatz, dieses Ur-Prinzip gilt auf allen Ebenen des Lebens. Alle *Ur-Prinzipien* gelten auf allen Ebenen des Lebens, sonst wären sie keine Ur-Prinzipien. Überall da, wo der Grundsatz vom Fluß der Energie durchbrochen wird, gibt es Probleme. Auf der körperlichen Ebene ist Krankheit die Folge. Auf der materiell-finanziellen Ebene ist Armut oder die Angst davor die Folge. Auf der zwischenmenschlichen Ebene sind Streit, Haß und letztendlich Krieg die Folge.

Alles, was uns begegnet, hat vor allen Dingen auch eine *symbolische* Bedeutung. Das gilt auch für all unsere Handlungen. Unser Tun ist Ausdruck unseres Denkens. Beides zusammen, Denken und Tun, sind starke Kräfte, sind machtvolle Energien, die viel zu wenig Beachtung finden. Wir strampeln uns unaufhaltsam ab, um auf der materiellen Ebene unseres Lebens etwas zu verändern, und übersehen dabei die Fallstricke, die wir auf der emotionalen und der mentalen Ebene gleichzeitig als undurchdringliche Hindernisse zu einem beachtlichen Zaun verweben.

Wir können uns die Ordnung dieses Universums zunutze machen, indem wir in allem, was uns begegnet, den ihm innewohnenden Symbolgehalt erkennen und dann *Rituale* für unseren Alltag entwerfen, durch die wir die Kräfte in unserem Leben stärken, die wir für wichtig erachten und denen wir einen Platz in unserem Leben einräumen möchten. Rituale sind eine enorme Kraftquelle, deren Gebrauch in vergangenen Zeiten alltäglich war. Uns sind dieses schöpferische Energiepotential und vor allem das Wissen darum verlorengegangen. Aber wir können es neu beleben. Einfach durch bewußtes Handeln. Viele kleine Erledigungen in unserem Alltag können wir zum Ritual umfunktionieren: Händewaschen, Zähneputzen, Aufräumen. Wenn wir diese Tätigkeiten bewußt ausführen und ihnen auf der mentalen Ebene eine Bedeutung geben, dann werden sie zum kraftvollen Ritual. Wir können beispielsweise beim Händewaschen visualisieren, wie wir Sorgen und belastende Energien einfach abwaschen und diese dann im Ausguß verschwinden.

Es sind unsere Paradigmen, unsere Glaubenssätze, die wir uns bewußt machen müssen. Sie haben eine wesentliche Steuerfunktion in unserem Leben. Wir selbst entscheiden, was geschieht. Wir müssen etwas wollen, etwas beanspruchen. Wenn wir nur »vielleicht« denken, wir unsicher sind, dann werden wir nichts verändern, in unserem Leben nicht, im Leben anderer nicht und im Universum schon gar nicht.

Emotionale Intelligenz ist ein Begriff, den Daniel Goleman geprägt hat. Er meint damit, daß wir nicht nur positiv denken und mit Überzeugung handeln müssen, sondern wir müssen uns auch gut fühlen dabei. Die emotionale Ebene ist sehr entscheidend. Hierzu ein Beispiel: Wenn wir uns mehr finanzielle Unabhängigkeit wünschen, suchen wir uns einen neuen Job (materielle Ebene). Wir engagieren uns sehr in dieser neuen Tätigkeit, wir haben eine große Erwartung und sind mit Begeisterung (mentale Ebene) bei der Sache. Aber auf der anderen Seite haben wir ein schlechtes Gewissen (psycho-vegetative Ebene) der Familie gegenüber, da wir sehr viel Zeit in unsere berufliche Tätigkeit investieren. Außerdem macht uns der Gedanke zu schaffen, daß der Wunsch nach viel Geld ja an sich »unmoralisch« ist. Dieses Dilemma unterschiedlicher Energien, die uns in verschiedene Richtungen drängen, wird dem Erfolg unseres Vorhabens im Wege stehen. Wir können nur dann etwas erreichen, wenn alle Energien synchron in die gleiche Richtung gerichtet sind.

Es gibt ein hervorragendes Trainingssystem, das einem bei der Aufstellung und Ordnung des persönlichen Lebensplanes hilft. Es ist seit über zwanzig Jahren im englischen Sprachraum bekannt und hat sich im privaten und im geschäftlichen Bereich hervorragend bewährt: das *Best-Year-Yet-Konzept*. In einem eintägigen Kurs macht sich der Teilnehmer seine Ziele, seine Fähigkeiten und *Werte* bewußt. Besonders unsere Werte sind es, die zu Stolpersteinen auf unserem Weg werden. Weil unsere Werte und unsere Ziele nicht übereinstimmen, erreichen wir letztere nicht. Wie in dem obigen Beispiel, wo der Wert Familie und die Einstellung zum Geld bei der Planung nicht beachtet wurden.

Wir alle rennen und jagen oftmals, ohne einmal Luft zu holen, geschweige denn innezuhalten. Energetisch gesehen ist dies eine katastrophal-defizitäre Situation, insbesondere wenn sie längerfristig bestehen bleibt. Doch gerade hinsichtlich der energetischen Seite ist die Planung unseres Lebens sehr wichtig. Allerdings meinen wir, daß dafür keine Zeit sei, und rennen planlos weiter. Oft bemerken wir dabei gar nicht, daß wir uns im Kreis drehen. Unsere innere Stimme will uns zwar warnen, aber unsere Gefühle sind ja nicht so wichtig. Als Resultat können wir uns nur in der materiellen Scheinwelt verstricken.

Ein gutes Beispiel für die unterschiedlichen Bedeutungsrahmen in unserem Leben ist die Ordnung auf dem Schreibtisch. Wenn es uns trotz aller Anstrengungen nicht gelingt, ein ordentliches, aufgeräumtes Büro zu haben, dann ist das ein Hinweis des Universums für uns. Es hat Symbolgehalt: das äußere Chaos ist ein Hinweis auf unsere innere Welt, auf die Unordnung in uns. Uns fehlen klare Entscheidungen, klare Ziele. Deshalb verzetteln wir uns. Dies sind einfache energetische Zusammenhänge. Machen wir uns die bewußt, dann können wir das Problem wirklich lösen. Dann werden wir an unserer Lebensplanung, an unserer inneren Einstellung und unseren Gefühlen etwas ändern, statt uns fortwährend über die Unordnung zu ärgern. Wir können das Aufräumen unseres Schreibtisches zum Ritual machen. Wenn wir etwas wegwerfen, dann machen wir daraus eine mentale *Los-Laß-Übung*. Während wir aufräumen, genießen wir es, die Dinge zu beherrschen und der Herr über den Schreibtisch, der Herr über unser Leben zu sein. Das ist es, was Daniel Goleman mit emotionaler Intelligenz meint.

1995 bin ich mit meiner Familie in die Lüneburger Heide gezogen. Wir hatten Pferde und wollten einen Bauernhof mit Land und in die Natur. Vor allen Dingen wollte ich aber auch beruflich etwas anderes tun, ich wollte weg von der reinen therapeutischen Arbeit. Eine Tätigkeit als Trainer oder Dozent wollte ich gerne mit meiner

Erfahrung als Heilpraktiker verbinden. Dazu eignete sich unser neues Anwesen in der Heide meiner Meinung nach ganz besonders. In dieser Zeit entstand auch die Idee zu diesem Buch. Ich hatte viele gute Ideen und Pläne. Allerdings hatte ich meine damalige Naturheilpraxis in Goslar nicht aufgegeben. Das war mir viel zu gefährlich. Ich wollte gerne etwas ändern, aber ich wollte erst *das Neue* haben und dann *das Alte* aufgeben. Und das ist eine Sache, die nicht funktioniert, von ganz wenigen Ausnahmen einmal abgesehen. Mich hätte diese Ambivalenz damals beinahe die Existenz gekostet. Was ich damit sagen will: Um etwas Neues verwirklichen zu können, müssen wir dafür einen Freiraum schaffen. Wir müssen *zuerst* Altes aufgeben, loslassen. Es ist ausgesprochen wichtig, eine klare Entscheidung zu treffen und einen genauen Plan zu haben. Dies habe ich am Beispiel meiner Goslaer Praxis erfahren. Die ersehnte Veränderung stellte sich umgehend ein, als ich eine klare Entscheidung getroffen hatte und diese auch durch die Umsetzung von einzelnen Schritten manifestierte. Bis zum Herbst 1997 hatte ich meine Wünsche immer im Konjunktiv formuliert. *Ich würde gern…, es wäre schön…* Doch dann kam der Entschluß: *Ich will…* – Ich kündigte meine Praxisräume. Da ich aber nicht ganz so mutig war, räumte ich mir eine Übergangszeit als Mitbenutzer von Praxisräumen bei einer Kollegin ein. Doch über diese Kleingläubigkeit hat das Universum hinweggesehen. Keine drei Monate später hatte ich einen neuen Job.

Es gibt keine Zufälle. Alles geschieht aufgrund von Ordnungen und Gesetzmäßigkeiten. Wenn wir diese kennen, sind wir in der Lage, selbst zu entscheiden, was in unserem Leben geschehen soll. Und dies ist wiederum eine Frage des Bewußtseins. Ist unsere Bewußtseinsentwicklung nicht weit genug fortgeschritten, dann gibt es höhere, unbewußte Ebenen, die zunächst Kontroll- und damit gleichzeitig Entscheidungsfunktion ausüben.

Eine Bewußtseinshaltung, mit der Berge versetzt werden können, beschreibt Bernie Siegel in seinem Buch »Prognose Hoffnung« folgendermaßen: »*Ich glaube an die Jungsche Idee der synchronen Ereignisse; nämlich daß Zufälle in ihrem Zusammentreffen eine Bedeutung haben. Ich glaube, daß es sehr wenig reine Zufälle gibt. Nach einem meiner Vorträge überreichte mir ein Mann eine Karte, auf der stand: ›Ein zufälliges Zusammentreffen ist Gottes Methode, anonym zu bleiben.‹ In einem Leben, daß nicht in Harmonie mit sich selbst ist, scheinen die Dinge wie in einer Verschwörung alle auf das Übelste hinauszulaufen, aber auf die gleiche Weise scheinen sie sich wunderbar zu vermengen, wenn man beginnt, sein Leben zu genießen. Wenn Sie damit anfangen Ihr eigenes Leben zu leben, Risiken auf sich zu nehmen, um zu tun, was Sie wirklich tun wollen, werden Sie feststellen, daß alles von ganz alleine läuft und daß Sie sich ›rein zufällig‹ zur richtigen Zeit am richtigen Ort befinden. Sogar die Fahrstuhltüren öffnen sich, wenn Sie eintreffen.*«

Einheit – das universale Prinzip

»Wär nicht das Auge sonnenhaft,
nie könnt' die Sonne es erblicken.
Läg nicht in uns des Gottes eigne Kraft,
nie könnt uns Göttliches entzücken.«
(Goethe)

Auch wenn die bisherigen Gedanken zum Bewußtsein und auch zur Einheit sicher nicht alltäglich sind, so können sie uns doch aus der Krise führen. Diese Gedanken heilen, davon bin ich überzeugt. Diese Ideen enthalten eine ungeheure Spannung, ja Sprengstoff in sich, weil sie jeden einzelnen vor die Entscheidung stellen, ob er sich mit der Thematik konstruktiv auseinandersetzen will oder nicht. Wenn wir diese Gedanken ernst nehmen, können wir die Verantwortung für das Geschehen in dieser Welt im allgemeinen und in unserem persönlichen Leben im besonderen nicht länger anderen in die Schuhe schieben. Weder die Gesellschaft, die Politiker, unsere Kindheit oder »schlechte Erfahrungen« sind dann mehr eine brauchbare Ausrede. Jeder Mensch, der diese Gedanken ernst nimmt, muß für sich eine Position finden, wie er die Krisen und Katastrophen einordnet, die er tagtäglich (mit-)erlebt. Er kann auf der Grundlage der vorgestellten Überlegungen eine tragfähige Strategie für den Umgang mit den Schwierigkeiten unserer Zeit, eine Perspektive für seine persönliche Zukunft entwickeln.

»Einheit« oder das moderne Wort »Vernetzung« sind sehr ähnlich in ihrer Bedeutung, sie drücken aus, daß Sachverhalte, Dinge usw., die scheinbar völlig voneinander getrennten sind, letztlich doch miteinander verbunden sind. *Alles ist mit allem zu einer Einheit verbunden, und in unserem Universum geht nichts verloren.* Dies sind zwei grundlegend wichtige energetische Prinzipien, ja es sind Naturgesetze, über die sich niemand hinwegsetzen kann und die beachtet werden *müssen*. Denn jede einseitige Ausnutzung augenblicklich möglicher Vorteile muß später zurückbezahlt werden. Dies erleben wir alle momentan an unserer Umwelt hautnah mit.

Daß alles miteinander verbunden ist oder vielmehr wieder miteinander vereint werden muß, zeigt uns bemerkenswerterweise die Wirtschaft, hier speziell die Großindustrie, sie ist ein Paradebeispiel für Vernetzung in unserer Zeit. Zusammenschlüsse, weltweite Verbundsysteme und konstruktive Zusammenarbeit vereint mit der Zunahme gegenseitiger Wertschätzung speziell im Management setzen sich mehr und mehr durch; das moderne Schlagwort *»Global Player«* ist in aller Munde. Die *Gewinner-Gewinner-Strategie* ist die neue Formel, die die alte Maxime von der Gewinnmaximierung um jeden Preis ablöst. Den Männern in den Führungsetagen beginnt ein entscheidendes Licht aufzugehen: Es können nicht dauerhaft auf Kosten anderer Menschen Geschäfte und Gewinne gemacht werden. Das gilt für die Menschen genauso wie für unsere Umwelt.

Beim wirtschaftlichen Blickwinkel bleibend ist auch das liebe Geld äußerst interessant, denn auch dieses gibt Aufschlüsse über energetische Zusammenhänge, über die Zusammengehörigkeit, die Einheit von Energie und Materie: Geld ist nicht das, wofür es alle halten, es ist im Grunde lediglich eine rechnerische Größe. Und nicht nur Währungen lassen sich zueinander in Beziehung setzen. Geld ist ein Äquivalent für Energie. Wenn wir bereit sind, für eine bestimmte Sache eine gewisse Summe auszugeben, so können wir an diesem Betrag exakt ablesen, was uns diese Sache wert ist. Wenn wir zum Beispiel nicht bereit sind, für Gesundheit Geld auszugeben, indem wir uns zum Beispiel bewußt ernähren, Sport treiben, uns etwas gönnen, dann zeigt das, daß uns unsere Gesundheit nicht so viel wert ist. Wir wenden keine Energie (das muß nicht nur Geld sein, es kann auch Zeit oder etwas anderes sein) für unsere Gesundheit auf. Die unausweichliche Folge ist die Entstehung einer Mangelsituation. Bleibt diese über einen längeren Zeitraum bestehen, werden wir krank.

Doch Einheit ist sehr viel mehr als eine Gleichung, sie hat einen ganz tiefen Sinn, sie ist ein Zustand, der für unser (Alltags-)Bewußtsein sehr schwer zu verstehen ist. Ich glaube, daß wir unter Umständen auf dieser Welt sind, um den tiefen Sinn, die Bedeutung der Einheit zu *be*-greifen, um uns mit ihr auseinanderzusetzen und dadurch zu lernen. Wir sind als Menschen in dieser Welt in die Polarität gestellt. Alles hat für uns räumliche und zeitliche Ausdehnung, alles hat Anfang und Ende, alles ist auf irgendeine Weise begrenzt, ja alles hat seine sprichwörtlichen zwei Seiten. *Einheit, Unendlichkeit* oder auch *ein Punkt*, in seiner exakten mathematischen Eigenschaft ohne jegliche räumliche Ausdehnung, dies alles ist für unseren menschlichen Verstand einfach nicht zu fassen. Unsere Aufgabe ist es, die Aspekte der Einheit zu verinnerlichen. Wir müssen versuchen, sie mit unserem Bewußtsein zu *erfahren*, zu integrieren. Mit dem Verstand allein ist dies unmöglich, denn unser Verstand ist *ein Pol* der polaren Welt. Daher werden wir Einheit mit dem Verstand niemals erfahren können.

Einheit ist ein »paradiesischer Zustand« – und einstmals begann auch alles im Paradies. Die Menschen wollten nicht länger einfach aus dem Vollen schöpfen, sie wollten Erkenntnis. Doch diese Frucht war ihnen verboten worden. Und dieses Verbot war kein willkürlicher Akt Gottes. Es war eine zwingende Notwendigkeit, die Bedingung für ein Leben im Paradies. Erkenntnis und Paradies schließen einander aus wie Feuer und Wasser. Denn Erkenntnis braucht zwingend die Polarität. Wie will ich erkennen, was Licht ist, wenn ich niemals Dunkelheit erfahren habe? Wie kann ich wissen, was gut ist, wenn ich nicht mit dem Bösen, dem Bedrohlichen konfrontiert wurde? Wie will ich lernen, was heiß ist, wenn ich mir nicht wenigstens einmal die Finger verbrenne?

Das Paradies ist grenzenlos. Erkenntnis aber braucht die Grenze. Somit mußte der Griff nach der Erkenntnis unweigerlich zur Ausgrenzung aus dem Paradies führen. Und die Schule der Erkenntnis ist ein langer und mühevoller Weg. Aber er bietet uns auch wundervolle Ausblicke und tiefe Einsichten, er bietet uns täglich aufs neue die Möglichkeit, die *andere Seite* zu sehen. Und er wird uns letztlich dahin zurückführen, wo wir hergekommen sind: ins Paradies. Unsere Aufgabe ist es, die Dinge zusammenzufügen. Wenn wir durch unseren Erkenntnisprozeß die gespaltene Realität, die Polarität wieder zur Einheit zusammenfügen können, dann stehen wir an der Schwelle zum Paradies.

Es gibt eine sehr schöne Beobachtung von Ruprecht Sheldrake, die uns das Prinzip der Einheit, daß alles mit allem zusammenhängt, veranschaulicht. Bei einem Versuch mit Ratten setzte er eine Gruppe dieser Tiere in ein Labyrinth in Amerika und stoppte die Zeit, die seine Probanten benötigten, um den Ausgang zu finden. Beim ersten Versuch dauerte die Unternehmung 12 Stunden, während die gleichen Tiere beim zweiten Versuch nur noch 3 Stunden benötigten. Soweit ist dieses Experiment nicht erstaunlich. Faszinierend wird die Angelegenheit durch die Entdeckung, daß Ratten, die in Europa in ein baugleiches Labyrinth gesetzt wurden, bereits im ersten Durchgang den Ausgang in weniger als 5 Stunden gefunden hatten. Ruprecht Sheldrake erklärt dies durch die von ihm postulierten morphogenetischen Felder, Kraftfelder die Information aufnehmen und übermitteln können. Eine Information, die irgendwo auf der Welt, wahrscheinlich sogar irgendwo in unserem Universum einmal gefunden wurde, existiert fortan als Energie und steht innerhalb bestimmter Systeme jederzeit zur Verfügung. Diese Felder werden auch als »wissende Felder« bezeichnet.

Wer die Wirkung dieser wissenden Felder persönlich erleben möchte, sollte einmal an einer Familienaufstellung nach Bert Hellinger teilnehmen. Hier werden von einer Gruppe, deren Teilnehmer sich normalerweise nicht kennen, ja nicht einmal vor der Therapiesitzung begegnet sind, in einer Art Rollenspiel familiäre Konstellationen nachempfunden. Die Genauigkeit der Aussagen und die Tiefe der dabei freiwerdenden Emotionen sind mit Worten nicht zu beschreiben. Es ist einfach faszinierend. Und man profitiert darüber hinaus von einer solchen Sitzung ungeheuer von dem, was man in kürzester Zeit über sich, seine Gefühle und seine unbewußten Blockaden sowie deren tief verwurzelte Ursachen herausfindet.

In unserem Universum ist wirklich alles mit allem zu einer Einheit verbunden. *All*-umfassendes Wissen lenkt uns und steht uns jederzeit zur Seite, wenn wir es nur wollen und geschehen lassen. Alles, was wir uns jemals wünschen, ist in unserem Universum bereits vorhanden. Es liegt für uns bereit, und es hängt allein von unserer inneren Haltung, von der Ausrichtung unseres Bewußtseins ab, ob das in unserem Leben materielle Gestalt annimmt oder nicht, was wir haben möchten.

Ein weiteres wunderbares Beispiel für das Verständnis von Polarität ist nebenstehendes Vexierbild. Bei dessen Betrachtung können wir immer nur eines sehen: entweder die Vase oder die beiden Gesichter. Wir können sehr schnell zwischen den beiden Bildern wechseln. Aber so sehr wir uns auch bemühen, wir werden niemals beide Bilder exakt gleichzeitig sehen. Das ist Polarität: entweder – oder! Polarität zwingt uns dauernd zur Entscheidung: Wol-

len wir die Vase oder die Gesichter? Das, was wir beachten, bekommt Energie von uns und manifestiert sich in unserer Welt. Sehen wir die Vase, sind die Gesichter dennoch da. Sie sind nur für den Augenblick aus der Wahrnehmung ausgegrenzt, haben im Bewußtsein keinen Platz. Konsequent zu Ende gedacht heißt dies: was ich ansehe, worauf ich mich konzentriere, das entsteht in meiner Welt. Das ist aber auch die Erfahrung der Quantenphysiker, die erleben, daß ihre Erwartung den Ausgang eines physikalischen Versuches entscheidet.

Es gibt also keine losgelöste unabhängige Existenz von irgend etwas in diesem Weltall. Alles ist mit allem verbunden. Dies gilt auf der materiellen Ebene genauso wie im energetischen Bereich. Wenn irgendwo auf diesem Planeten etwas geschieht, wirkt sich dies überall im gesamten Universum aus. Es zieht Kreise in alle Ebenen hinein. Es ist vergleichbar mit unserem Körper: Wenn eine Zelle unseres Körpers nicht so funktioniert, wie sie soll, dann betrifft dies auch das Organ zu dem diese Zelle gehört. Das Organ wird in seiner Funktion beeinträchtigt, was wiederum zu einer Störung im gesamten Körper führt. Eine einzige Zelle ist nicht das Problem. Aber wenn eine Zelle zur nächsten kommt, dann ist irgendwann der Punkt erreicht, an dem die Sache zum Problem wird.

In seinem Buch »Celestine« spricht James Redfield in diesem Zusammenhang von der *kritischen Masse*. Er meint damit eine bestimmte Zahl von Individuen, die sich gedanklich oder auch auf tieferer Ebene ihres Bewußtseins mit bestimmten Energien identifizieren. Ist diese Zahl groß genug, dann wird sich das Objekt der Identifizierung in der Realität manifestieren. Das mag sich sehr abstrakt anhören. Aber betrachten wir einmal ein Beispiel: Auf das Attentat am 11. September 2001 auf das World Trade Center in New York reagierte nahezu die ganze Welt mit Bestürzung und Abscheu. Niemand konnte verstehen, wie Menschen zu so etwas fähig sein können. Doch ich glaube, ein großer Teil derjenigen, die nun auf einmal voller Entsetzen die realen Bilder im Fernsehen sahen, waren möglicherweise indirekt an der Entstehung dieses Geschehens beteiligt. Unzählige Katastrophenfilme senden ihre Botschaft als Energie in den Äther. Sie werden mit großer Faszination Tag für Tag in unseren Kinos und Wohnzimmern »zelebriert«. Diese Information löst sich nicht so einfach wieder auf. Ist sie einmal energetisch stark genug, dann manifestiert sie sich auch.

Es gibt niemals Zufall auf dieser Welt. Es kann ihn gar nicht geben! Zufall setzt Anarchie voraus. Unser Universum ist aber auf Prinzipien aufgebaut. Wie wir an dem oben erwähnten Beispiel sehen, sollten wir uns sehr bewußt damit auseinandersetzen, womit wir uns beschäftigen, welche Bilder und Informationen wir in uns aufnehmen und worauf wir letztlich unsere Energien konzentrieren. In einem Vortrag habe ich einmal folgende Aussage gehört: »Wir sollten uns sehr gut überlegen, was wir uns wünschen, denn unsere Wünsche könnten wahr werden.« Dieser Satz trifft das Thema hier sehr genau und führt uns die Bedeutung und Tragweite dessen, was wir uns wünschen und womit wir uns beschäftigen, eindrucksvoll vor Augen.

Es ist sehr wichtig, daß wir unsere Wünsche und Ziele grundsätzlich *positiv* formulieren, denn unser Gehirn kann nicht in Verneinungen denken. Wenn wir immerfort denken, es soll keinen Krieg geben, dann liefern wir damit letztlich dem Krieg Energie. Mutter Theresa soll einmal eine Einladung zur Teilnahme an einer Antikriegsdemonstration abgesagt haben mit der Begründung: »Wenn ihr für den Frieden demonstriert, dann komme ich, aber gegen den Krieg mag ich nicht demonstrieren.« Mit der Angst vor dem Krieg schauen wir den Krieg an. Er ist es, der in den Mittelpunkt unserer Betrachtung rückt und folglich Energie von uns erhält. Gerade wenn wir etwas nicht haben wollen, beschäftigen wir uns gedanklich oft sehr intensiv damit. Und wenn wir das tun, so geben wir genau dieser Sache Energie, die sie dann in unserem Leben zur Realität werden läßt. Auch das ist ein Aspekt der Einheit.

Die Grundprinzipien dieser Welt, die gesetzmäßige Ordnung, funktionieren seit ewigen Zeiten, und das werden sie auch in Zukunft. Je mehr wir uns auf diese Tatsachen und Erfahrungen einlassen, desto ruhiger und gelassener können wir alles annehmen, was uns begegnet. Wir lernen, dem Leitsatz, den Thorwald Dethlefsen in seinem Buch *»Schicksal als Chance«* geprägt hat, zu vertrauen: *»Alles, was ist, ist gut, weil es ist.«* – So etwas liest sich leicht, und es geht einem auch leicht über die Lippen. Wenigstens solange es einen nicht allzu persönlich betrifft. Doch legen Sie dieses Buch einmal für einen Moment weg und stellen Sie sich ein möglichst gravierendes Problem Ihres gegenwärtigen Lebens vor und nehmen Sie es freundlich und liebevoll als Bestandteil Ihres Lebens auf. Übernehmen Sie die Verantwortung für das, was ist. Wiederholen Sie dabei den oben zitierten Satz, möglichst laut sprechend. – Das ist Esoterik: tiefe Einsicht und tiefes Verständnis für die Zusammenhänge in diesem Universum. Verankert in einem solchen Fundament ist der dringend notwendige Quantensprung in unserer Entwicklung möglich, ja er wird dann quasi von alleine kommen.

Ein tiefes Verständnis für die Einheit nimmt uns die Angst. Angst liegt in unserem Glauben an das Getrenntsein begründet. Sie ist Folge unseres Glaubens an die Polarität. In der Einheit aber gibt es keine Angst. Zeit bildet einen Gegensatz zur Einheit. Zeit liefert uns die Illusion des Getrenntseins. Durch die Zeit entsteht der Eindruck einer Reihenfolge, eines Nacheinanders bestimmter Ereignisse.

Angst ist *das* Thema unserer Tage. Jeder hat sie, mindestens hin und wieder, aber kaum einer spricht darüber. Wir alle haben diese Angst perfekt verdrängt und tun so, als ob in unserem Leben alles in Ordnung sei. Wir reden über vieles, nur nicht über das, was uns wirklich bewegt. Das Fatale an dieser Oberflächlichkeit ist, daß unsere Umgebung daher glaubt, daß es uns gut geht. Ebenso glauben wir von vielen Menschen, mit denen wir täglich zu tun haben, daß sie glücklich und zufrieden sind. Zu viele haben eine Fassade, hinter der sie sich verstecken. In seiner Erzählung »Johannes« bringt Heinz Körner dies treffend zum Ausdruck: *»Bitte höre, was ich nicht sage. Laß dich nicht von mir narren. Laß dich nicht durch das Gesicht täuschen, das ich mache, denn ich trage Masken, Masken, die ich fürchte abzulegen. Und keine davon bin ich. So tun als ob, ist eine Kunst, die mir zur zweiten Natur wurde. ... Mein Äußeres mag sicher erscheinen, aber es ist meine Maske. Darunter bin ich,* *wie ich wirklich bin: verwirrt, in Furcht und allein. Aber ich verberge das. Ich möchte nicht, daß es irgend jemand merkt. ... deshalb erfinde ich verzweifelt Masken, hinter denen ich mich verbergen kann: eine lässige Fassade, die mir hilft, etwas vorzutäuschen, die mich vor dem wissenden Blick sichert, der mich erkennen würde. Dabei wäre dieser Blick gerade meine Rettung.«*

Etwas mehr Offenheit und Ehrlichkeit würden unser Leben enorm bereichern. Gespräche, die unsere brennenden Fragen zum Inhalt hätten, würden uns weiterbringen und uns helfen, unsere Probleme zu lösen. Auch das ist Einheit, das ist die Überwindung des Getrenntseins. Für viele wäre das bestimmt die Rettung. Das Leben und die Beziehungen würden Tiefgang und eine ganz andere Bedeutung bekommen. Aber wir verstecken uns lieber. Und dadurch ist für viele ihre Angst eine Bedrohung, die ihnen die Lebensfreude nimmt, ja manchmal sogar die Lebensgrundlage entzieht. Solange wir uns vor dem Leben und vor den anderen verstecken, uns als Spielball irgendwelcher Mächte sehen, zwischen Gut und Böse hin- und hergestoßen, solange wir uns isolieren und meinen, alles alleine lösen zu müssen, solange können wir keinen Frieden, keine Geborgenheit erfahren.

Diese Einheit zu finden bedeutet nun allerdings nicht, daß es auf dieser Welt gar keine Probleme, kein Leid, keinen Schmerz mehr gibt. Wie ich es immer wieder betont habe, leben wir in der polaren Welt und werden es deshalb auch immer mit beiden Polen zu tun haben. Das einzig Entscheidende ist, wie wir mit dem (vermeintlich) Negativen, dem Bösen, dem Dunklen umgehen. Es kann niemals darum gehen, den Kontakt mit dem dunklen Pol zu vermeiden. Hier gilt das Prinzip des komplementären Ausgleichs. Jeder Versuch, einen Pol (das vermeintlich Negative, das vordergründig Unerwünschte) zu vermeiden, muß unweigerlich in eine Katastrophe führen. Denn jede Einseitigkeit wird irgendwann vom Leben korrigiert. Und diese fremdbestimmten Wendepunkte sind immer besonders schmerzhaft.

Wie gesagt bekommt alles, was wir nicht wollen, was wir verdrängen, gedanklich Energie von uns und wächst somit heran – bis wir es nicht mehr übersehen, wir ihm nicht mehr länger aus dem Weg gehen können. Dabei ist die Lösung ganz einfach: Wir müssen annehmen, voller Gelassenheit und Vertrauen uns anschauen, was uns da begegnet und es willkommen heißen. Wir müssen fragen, was uns diese Niederlage, dieses Problem sagen will. Was ist seine Botschaft an uns? Das ist die unschlagbare Zauberformel. *Ein*-verstanden sein mit dem, was uns begegnet, ist die perfekte Lösung. Und dies ist wieder einmal ein sprachlicher Leckerbissen: *Ein*-verstanden sein bedeutet letztlich, die *Ein*-heit verstehen. Es bedeutet zu sehen, daß es gar keine Bedrohung gibt. Das ist wahre *Ein*-weihung.

Die Einheit verstehen, das ist Esoterik im eigentlichen Sinn, die ja von vielen als Realitätsflucht, »als Kuhhandel mit Gott« mißverstanden und mißbraucht wird. Es ist ein grundlegender Irrtum, den das falschverstandene Christentum in alle Welt verstreut hat, daß der, der fromm und rechtschaffen seinen Weg geht, von Leid verschont bleibt. Jeglicher Versuch einer Manipulation ist hier fehl am Platze. Leid und Trauer, ja alle belastenden Gefühle müssen von uns aufgearbeitet, das heißt angenommen und gelebt werden. Carl Simonton spricht in diesem Zusammenhang von der Heilung der Gefühle.

Es gibt keinen größeren Irrtum als den, anzunehmen wir könnten durch normgerechtes, richtiges Verhalten die Dinge kontrollieren, die uns zustoßen. Jedwedes Meideverhalten verstärkt das Leid, so wie Widerstand die Reibung verstärkt. Hierzu kann ein einfacher Versuch unternommen werden: Lehnen wir uns einmal mit aller Kraft gegen eine Wand und stellen uns vor, wir müßten diese daran hindern, daß sie uns erdrückt. Je stärker wir gegen diese Wand drücken, desto stärker wird der Druck, mit dem die Wand scheinbar zurückdrückt. Erst wenn wir den Mut haben, den Druck, den Widerstand aufzugeben und die Wand loszulassen, dann werden wir merken, daß diese gar nichts von uns will. Eine solche annehmende, akzeptierende Geisteshaltung hat einen Katalysatoreffekt, das heißt jeder Prozeß wird in seinem Verlauf beschleunigt und in seiner Wirkung optimiert, wenn wir unseren Widerstand gegen das Leben, gegen das, was ist, aufgeben. Wenn uns ein Unglück geschieht und wir negierend darauf reagieren, folgt daraus Stagnation, Frust und Sinnverlust. Nehmen wir die Situation hingegen an, versuchen zu verstehen, dann beziehen wir Kraft daraus, lernen, wachsen und lassen das Problem in Kürze hinter uns. Das ist Gewinn!

In den Zeiten unseres Lebens, in denen die Dinge nicht so laufen, wie wir uns das wünschen, in denen wir den Eindruck haben, daß Probleme, Ängste und dunkle Mächte unser Leben beherrschen, sind der Glaube an einen tieferen Sinn, das Vertrauen in eine höhere Macht und Hoffnung die Dinge, die uns weiterhelfen können. Hoffnung haben heißt, in jeder Lage – unabhängig von der äußeren Realität – einen wünschenswerten Ausgang der Situation für möglich, ja für wahrscheinlich zu halten. Und wenn wir diesen Standpunkt ehrlich und aufrichtig einnehmen, uns also nicht selbst dabei belügen, dann können wir unserer Version der Geschichte Energie geben und ihr so zur Realisierung verhelfen.

Angst ist in unserer Gesellschaft genauso ein Tabuthema wie der Tod. Allerdings ist zu beobachten, daß sich hier langsam etwas ändert. Sicher ist das eine der positiven Auswirkung des Wassermannzeitalters. Solange wir keine Antworten auf die Fragen rund um den Tod gefunden haben, solange können wir auch niemals frei und friedvoll leben. Letzlich gipfelt alles in diesen Fragen nach dem Tod. Hat eine Idee, ein Wunsch, irgend etwas, das wir tun oder tun möchten, auch in der Konfrontation mit dem Thema Tod noch bestand, dann ist die Sache es wert, daß wir uns mit ihr beschäftigen. – So können Sie auch dieses Buch an der Frage nach dem Tod messen. Wenn all die Ideen, die Formeln, alle Denkmodelle, die ich hier dargestellt habe, Ihnen bei der Frage nach dem letztendlichen Sinn Ihres Lebens nicht weiterhelfen, dann war es vielleicht eine interessante Lektüre, aber mehr nicht.

Die Fragen um den Tod sind unmittelbar an die nach der Spiritualität gekoppelt. Haben wir keine Antwort auf die spirituellen Aspekte des Lebens, so werden wir auch keine Antworten auf die Fragen nach dem Tod wissen.

Carl Simonton hat in einem Vortrag über seine Arbeit mit Krebspatienten eine interessante Aussage gemacht. Er sagte, daß für ihn die Arbeit mit den Vorstellungen, die ein Mensch vom Tod im allgemeinen hat, und die Arbeit mit den Gefühlen, die ein Mensch mit seinem eigenen Tod verbindet, die wichtigste überhaupt ist. Er macht zu diesen Themenkomplexen regelrechte Visualisierungsübungen. Und interessanterweise ist sich ein unwahrscheinlich hoher Prozentsatz (ca. 95 %) der Teilnehmer an diesen Übungen darin einig, daß diese sehr wichtig sind und daß sie sich persönlich nach diesen Übungen bedeutend stärker und besser fühlen als zuvor. Ähnliches beschreibt auch Bengt Stern in seinem Buch *»Feeling bad is a good start«*.

Wenn wir uns aber in unserer Gesellschaft umsehen, dann wird nichts anderes so tabuisiert und so perfekt verdrängt wie das Thema Tod. Betrachten wir darüber hinaus einmal die zahlreichen Veröffentlichungen über Nahtodeserlebnisse, dann ist die *Angst* vor dem Tod schon gar nicht mehr zu verstehen. Übereinstimmend und ausnahmslos wird von allen, die eine solche Erfahrung durchlebt haben, das, was sie gesehen und erfahren haben, als ausgesprochen angenehm, schön, harmonisch und friedenspendend beschrieben. Das ging in vielen Fällen sogar soweit, daß die Menschen nach ihrer Rückkehr in die Realität des Lebens hier auf dieser Erde teils erhebliche Schwierigkeiten hatten, sich in ihrem Alltag wieder zurechtzufinden.

Wie in allen anderen Bereichen des Lebens, so kommt es gerade auch beim Thema Tod entscheidend darauf an, worauf wir unsere Aufmerksamkeit richten. Worauf fokussieren wir unser Denken, unsere Erwartungen. Wenn wir den Schritt gemeistert haben, daß uns der Tod keine Angst mehr bereitet, dann stehen wir an der Schwelle zu einem neuen Leben. Dann haben wir die Meisterschaft des Lebens erreicht. – Ich denke, daß die Antwort auf die Frage nach dem Tod der Gradmesser für den Stand unserer Bewußtseinsentwicklung ist.

Doch ich möchte noch einmal auf das Thema Einheit zurückkommen und zwei Beispiele anführen, an denen die Struktur, der rote Faden der Vernetzung, der sich durch dieses Weltall zieht, ersichtlich wird. Im Mittelpunkt dabei steht das Licht. Zunächst ist da Goethes Farbkreis, der bezeichnenderweise aus 12 einzelnen Farben besteht. Wir wissen, daß alle diese 12 Farben im weißen Licht enthalten sind. Sie haben aber jede für sich eine eigene Wellenlänge und brechen sich daher auch beim Durchtritt durch ein Prisma. Erst durch diesen Vorgang werden sie für uns als Teil der Ganzheit sichtbar. Ähnlich ist es mit den schon erwähnten Urprinzipien, von denen es auch genau zwölf gibt. Und diese bilden die Grundlage unseres energetischen Universums. Aber als Einheit oder in der Einheit können wir sie nicht wahrnehmen. Nur durch Aufspaltung, durch das Erfahren, das Erleben eines jeden einzelnen Prinzips in unserem Alltag können wir mit ihnen in Berührung kommen, können wir sie erkennen und letztlich auch verstehen.

Licht verbirgt noch ein weiteres, anfangs erwähntes Phänomen, auf das ich noch einmal kurz zurückkommen möchte: Je nach physikalischer Betrachtungsweise ist es Welle oder Teilchen. Licht ist weder das eine noch das andere, Licht ist beides. Doch je mehr wir uns der Einheit, *dem Punkt* nähern, desto unwichtiger wird diese Frage. Es ist dann eben beides richtig oder keines, es ist *gleich-gültig*, ja es ist dasselbe.

Für das zweite Beispiel stellen wir uns ein Haus vor, in dem es dunkel ist. Die Fensterläden sind zu. Draußen scheint die Sonne. Sobald die Fenster des Hauses geöffnet werden, strömt das Licht hinein und drinnen wird es ebenso hell wie draußen. Ist es allerdings Nacht und draußen stockfinster und das Haus mit vielen Lampen hell erleuchtet und es werden die Fenster geöffnet, so dringt keine Dunkelheit von außen ins Haus ein – das Licht bleibt immer Sieger. Von außen sind die hell erleuchteten Fenster weit sichtbar, aber niemals wird die Dunkelheit ins Haus eindringen und das Licht vernichten können. Es ist ein ungleicher Kampf. Denn Dunkelheit gibt es eigentlich gar nicht, jedenfalls ist sie nichts Eigenständiges. Dunkelheit ist immer nur die Abwesenheit von Licht. Treffen beide aufeinander, bleibt stets das Licht alleine übrig.

Ich finde dieses Gleichnis wunderschön, um den Stellenwert der Polarität zu betrachten. Polarität stellt uns nicht zwei gleichwertige, streng von einander getrennte Wirklichkeiten dar. Nein, die beiden Pole sind letztlich ein und dasselbe. Einheit bedeutet, daß alles in allem enthalten ist: kalt in heiß, schwarz in weiß, schlecht in schön, böse in gut… Genau genommen ist alles dasselbe, nur eben etwas weiter rechts oder links auf der Skala angesiedelt. Dunkelheit ist etwas weniger Helligkeit, Kälte ist etwas weniger Wärme.

Es geht auf dieser Erde nicht um *entweder oder,* sondern um *sowohl als auch*. Sobald uns letzteres in unserem Leben gelingt, sobald wir Einheit nicht nur *be*-greifen, sondern auch praktizieren, haben wir die Meisterschaft dieser Welt erlangt. Dann sind wir an dem Punkt angekommen, wo wir selber Regie führen in unserem Leben. Dann werden wir die Probleme unserer Zeit lösen, werden wir die Welt verändern.

Metamorphose – das Überschreiten von Grenzen ist nötig

»Wenn einer allein träumt, ist es nur ein Traum; wenn viele gemeinsam träumen, ist das der Anfang einer neuen Wirklichkeit.«
(Dom Hélder Câmara, Theologe)

Metamorphose ist nicht nur ein großes Wort, sie selbst ist auch eine großartige Sache. Ich habe dieses Wort ganz bewußt gewählt, denn es bedeutet Verwandlung: aus einer Raupe wird ein Schmetterling. So etwas ist möglich. Es passiert täglich. Leider nehmen die meisten Menschen solche Wunder aber nicht wahr.

Während es in den vorigen Kapiteln um Entwicklung, um Einsicht, um das tiefe Verstehen der Zusammenhänge in unserem Universum ging, gehen wir nun einen Schritt weiter – oder höher. Es geht um einen Quantensprung, darum, daß etwas Neues entstehen muß. Und das wird es. Wir dürfen daran teilhaben, ja mehr noch: *wir dürfen dieses Neue aktiv mitgestalten.* Wir alle können Schmetterlinge werden. Wir müssen dazu nur unsere Flügel entfalten, unser uns innewohnendes Potential einfach nur nutzen und anfangen zu fliegen. Wir können alles ändern! *Alles ist möglich!* Das ist die Meisterschaft des Geistes über die Materie.

Stellen wir uns einmal die folgenden drei entscheidenden Fragen: Wer bin ich? Woher komme ich? Wohin gehe ich? – Ich bin überzeugt, daß keiner, der das Buch bis hierher gelesen hat, antworten wird: Ich bin Fritz Meier, Bauunternehmer aus Hamburg, verheiratet, drei Kinder, zwei Mietshäuser, ein Bungalow... Es geht bei diesen Identitäts-Fragen um wesentlich mehr: um unser *spirituelles Selbstverständnis*! Die Antworten auf diese Fragen beziehen sich auf unseren Weg, unsere Aufgabe hier auf dieser Welt. Leider gehen viele durchs Leben und sterben, ohne diese Fragen gehört, geschweige denn beantwortet zu haben. Deshalb kommen sie auch eines Tages wieder, leider ebenfalls unwissend und ohne Erinnerung dessen, was gewesen ist. Dieser Kreislauf kann durchbrochen werden! Der erste und wichtigste Schritt hierzu ist die Erkenntnis, daß wir eine göttliche Natur haben. Unsere Verbindung mit der *All*-Macht, unsere Verbindung zu Gott besteht über unser Bewußtsein. Die Erkenntnis, daß unser Bewußtsein Teil des einen großen *All*-Bewußtseins ist, ist ein wichtiger Schritt. Wir sind mit dieser grenzenlosen Kraft verbunden. Sie steht uns uneingeschränkt zur Verfügung.

Unser *Denken* ist es, das die Grenzen zieht, innerhalb derer sich unser Leben abspielt. Jeder Mensch kann diese Grenzen erweitern, *beliebig erweitern!* Doch dazu gehört Mut, denn es ist nicht einfach, etwas Neues zu denken. Etwas zu denken, das andere nicht teilen, das uns niemand vorerzählt, ist für viele sogar unmöglich.

Linda Goodman schreibt in ihrem Buch »*Star Signs*«, das zu meinen absoluten Lieblingsbüchern zählt: »*Es ist sicherlich nicht leicht, auf dem schwankenden oder dem schmalen Grad zwischen der spirituellen Sicherheit durch* absolutes Wissen *und der weltlichen Sicherheit durch Vorsicht zu ba-*

lancieren. Um das Gleichgewicht halten zu können, muß man nun einmal viel und oft auf dem Seil üben.« Das ist es, worauf es letztlich ankommt. Wir sind auf dieser Welt, um zu üben. Wir sollen uns spielerisch entwickeln. Wir sollen werden, wie die Kinder. Wir haben dafür wundervolle Perspektiven und alle Möglichkeiten. – Dies möchte ich mit diesem Buch vermitteln. Es soll nicht nur ein interessantes Buch sein, das verschiedene Einblicke vermittelt, ich wünsche mir, daß es in Ihrem Leben Konsequenzen hat, daß es dazu führt, das *Sie* aufbrechen und sich denen anschließen, die bereits unterwegs sind, und die ermuntern, die noch unentschlossen abwarten.

Mit dem »Üben« sind zunächst einmal ganz banale und alltägliche Dinge gemeint. Die Meisterschaft liegt in den kleinen Dingen. Alles, was wir im Kleinen lernen, können wir dann auf die großen Fragen dieser Welt übertragen. Aus dieser Perspektive betrachtet ist alles, was uns begegnet, besonders jedes Problem, eine willkommene Übung für die Transformation. Wir können jede Schwierigkeit transformieren – und dies ohne große Anstrengungen, denn wenn wir unsere Energien nutzen, geht es spielerisch, ja wie von selbst. Allerdings müssen wir noch etwas Wesentliches berücksichtigen: das Warten auf den richtigen Zeitpunkt, auch das muß gelernt sein. Und dafür hilft uns unsere Intuition. Wir brauchen sie, um zu erkennen, wann die Zeit wofür reif ist, was zum richtigen Zeitpunkt getan werden muß. Ist dieser gekommen, geht alles von selbst. Es bedarf lediglich eines kleinen Impulses von unserer Seite.

Am Anfang des Buches wurden allerhand Probleme genannt, die für uns und unsere Zeit wesentlich sind. Sie betreffen uns als Menschheit insgesamt, sie betreffen aber auch jeden einzelnen von uns. Leider reden wir uns schnell damit heraus, daß wir ja leider an diesen Dingen nichts ändern können. Es seien riesige, weltumspannende Probleme – übermächtig. Der einzelne sei hier einfach machtlos. Bei dieser Betrachtung fallen wir natürlich schnell wieder in unsere alte Lethargie zurück. Sicher, daß ist ja auch bequemer. Aber halten wir uns noch einmal vor Augen: Es ist *unser Denken*, es sind *unsere Überzeugungen* und es sind *unsere Gefühle*, die die Welt, die Realität erschaffen, in der wir leben. Fangen wir endlich an, *unsere Energie* in das morphogenetische Feld fließen zulassen. Es wird etwas bewirken. Ganz sicher! Und es werden nicht gerade Kleinigkeiten sein, die sich verändern. Nein, es werden sich die brennenden Probleme unserer Zeit lösen. Es werden auf wundersame Weise die richtigen Dinge im richtigen Augenblick geschehen. Es werden sich zur rechten Zeit und am rechten Ort Menschen treffen und das Richtige tun. Das ist Metamorphose.

An dieser Stelle noch einmal ein einfaches Beispiel dafür, wie uns unser vordergründig logisches, linear kausales Denken zu falschen Schlußforderungen und damit zu nutzlosen Maßnahmen und Entscheidungen führt: Wenn uns unser Geld nicht reicht, dann können wir beschließen, mehr zu arbeiten. Dies wird in der Mehrzahl der Fälle dazu führen, daß unsere Zeit nun knapper wird. Der Mangel wird quasi nur verschoben, von einer Ebene auf eine andere. Und das Problem wird dadurch nicht gelöst. Hinter jedem Mangel steht letztlich ein Energieproblem. Auf dieser Ebene müssen wir die Lösung suchen. Der materielle Mangel an Geld ist lediglich ein Hinweis, er ist ein Spiegel, in dem wir das Problem sehen. Eine Lösungsmöglichkeit könnte beispielsweise sein, daß wir statt loszujagen und in Hektik zu geraten, uns vornehmen, täglich eine gewisse Spanne an Zeit zum »Auftanken« zu reservieren. Damit schließen wir eine Verbindung zu der kosmischen Energiequelle, es ist das gleiche wie bei einem Akku, den wir aufladen. Geld ist nichts anderes als ein Ausdruck, ein Äquivalent unserer Energiesituation. Fangen wir im Problemfall an zu rennen, tun wir genau das Falsche. Denn der Mangel beweist ja, daß unsere Verbindung zur Quelle bereits nicht mehr in Ordnung ist. Und auf die Wiederherstellung dieser Verbindung oder ihre Optimierung müssen wir uns konzentrieren. Das hat auch sehr viel mit Vertrauen zu tun. Wenn wir in unserer Mitte ruhen, wenn unsere Energiebilanz stimmt, dann wissen wir auch jederzeit, daß wir alles haben, was wir benötigen. Mangel existiert dann überhaupt nicht, vor allem nicht in unserem Bewußtsein. Das drückt sich zum Beispiel darin aus, daß wir unsere Rechnungen pünktlich bezahlen. Denn es gibt keinen Grund, dies nicht zu tun. Was wir geben, kehrt zu uns zurück. Zweifeln wir daran, dann beginnt das Problem.

Das ist die Falle des positiven Denkens: Viele tun nur so, als ob alles gut sei. Sie reden sich und anderen ein, wie toll alles läuft, und sind dabei in Wirklichkeit voller Sorge. Sie versuchen, sich selbst zu belügen. Das kann nicht gut gehen! Erinnern wir uns: positives Denken muß Früchte tragen, sonst ist es nicht echt. In erster Linie sind diese Früchte zunächst einmal unsere ausgeglichenen, ruhigen und gelassenen Gefühle (emotionale Intelligenz) und unser Handeln aus tiefer innerer Überzeugung.

Jedes Problem will uns etwas mitteilen. Wichtig ist, daß wir diese Mitteilung verstehen. Dann können wir sie auch transformieren und das Problem lösen. Es gibt keine Zufälle, also ist auch eine Schwierigkeit niemals zufällig vorhanden. Es ist eine Methode des Universums, mit uns in Verbindung zu treten. Besonders wenn unsere Intuition noch nicht so weit entwickelt ist, werden wir dadurch geführt, daß sich Türen öffnen oder aber auch verschließen. Doch die meisten Menschen ignorieren diesen Umstand standhaft und rennen sich an den verschlossenen Türen ihre Nase ein.

Eine schöne Begebenheit, die diesen Sachverhalt anschaulich beschreibt, stammt aus dem Buch *»Prognose Hoffnung«* von Bernie Siegel:

»Eines Morgens stieg Rose, eine Studentin, die mit mir zusammenarbeitete, in ihr Auto, um zu mir zu kommen und mir im Operationssaal zu helfen. Ihr Auto sprang nicht an, also holte sie ihr Fahrrad heraus – und hatte eine Panne. In diesem Augenblick sagte sie: ›Bernie würde bestimmt sagen, daß ich jetzt nach Hause gehöre.‹ Sie ging zurück, und als sie ihre Wohnung betrat, klingelte das Telefon.

Es war ihr Bruder, der früher drogensüchtig gewesen war. Er rief sie aus Maine an. Er sagte: ›Gott sei Dank, daß du da bist. Ich war nahe dran, wieder nach New York zu gehen und mit den Drogen anzufangen.‹ Sie redeten ungefähr eine Stunde lang. Sie beruhigte ihn, und er versprach, dortzubleiben, bis jemand aus der Familie hinfahren und bei ihm sein könnte. Sie ging wieder zu ihrem Auto und hob die Kühlerhaube hoch und sagte: ›Ich weiß eigentlich nicht, warum ich das tue. Ich habe nicht die geringste Ahnung von Motoren.‹ In diesem Augenblick fuhr ihr anderer Bruder mit dem Auto vor und berichtete: ›Als ich eben über den Parkway fuhr, sagte eine Stimme: Fahr doch mal bei deiner Schwester vorbei.‹ Er brachte ihr Auto in Gang, und sie kam mit großen Augen ins Krankenhaus.«

Das sind Zufälle, die es nicht gibt! So perfekt ist unser Universum organisiert. Gott führt die Dinge exakt bis ins Detail. Wir müssen uns dieser Führung nur anvertrauen. Geduld und die absolute Gewißheit, daß die Dinge zur rechten Zeit genau so eintreffen werden, wie es gut und richtig ist, das sind die Grundpfeiler eines spirituellen Lebens.

Doch ich möchte noch einmal auf die Metamorphose zurückkommen. Die Welt, in der wir leben, ist perfekt. Die Raupe ist perfekt. In ihrem Stadium und für den Zweck, für den sie existiert, ist sie optimal. Es geht nicht besser. Doch sie entwickelt sich. Alles in unserem Universum entwickelt sich. *Jede* Raupe trägt das Potential in sich, Schmetterling zu werden. Eines Tages entsteht dann ein Schmetterling. Und er ist wundervoll. Doch er ist nicht besser als die Raupe. Auch er ist *nur* perfekt. Allenfalls auf einer anderen Ebene. Raupe und Schmetterling – wir haben die freie Wahl. Wir können als Raupe leben oder Schmetterlinge werden. *Beides* ist in Ordnung. Es ist die Entscheidung jedes einzelnen von uns.

Wir müssen nicht unbedingt etwas ändern, schon gar nicht gewaltsam! Wir dürfen und sollen unseren Frieden im Augenblick finden, innere Ruhe, Zufriedenheit, Gelassenheit. Dies sind Zeichen spiritueller Reife. Im Kleinen habe ich diese Zusammenhänge beispielsweise auch während meiner Arbeit an diesem Buch erfahren. Es gab Zeiten, da ging mir das Schreiben wundervoll von der Hand. Dann gab es aber auch Tage oder Wochen, da ging gar nichts. Manchmal meinte ich in solchen Phasen, es müsse weitergehen und setzte mich an mein Manuskript – mit nur einem Ergebnis, daß bei aller Anstrengung nichts herauskam.

Beginnen wir, es ernst zu nehmen mit der inneren Stimme, mit unserer Intuition, dann bedeutet das auch, daß wir uns von der Meinung anderer freimachen müssen. *Unsere* innere Stimme wird nur dann für uns arbeiten, wenn wir ihr auch die gebührende Achtung einräumen. Wenn wir ihre Hinweise unterdrücken, weil wir uns nach der Meinung anderer richten, wenn wir das, was andere sagen, höher bewerten oder uns aber der Mut fehlt, uns zu unserer Intuition zu bekennen, dann wird diese Quelle der Weisheit und der Kraft sehr schnell versiegen. Von Platon wird berichtet, daß er sich, während er Gespräche führte oder wenn er mit anderen unterwegs war, plötzlich und unvermittelt für Augenblicke in sich zurückzog und mit seiner inneren Weisheit Kontakt aufnahm. – Leben in der Einheit, hören auf unsere Gefühle und unsere Intuition, das führt dazu, daß wir endlich tun, was wir wirklich wollen. Das ist ein Stück Ehrlichkeit. Und es ist die Grundlage für *unsere persönliche Metamorphose.*

Genauso wie wir uns von Vorgaben anderer freimachen müssen, müssen wir auch einsehen, daß das, was wir für uns erkannt haben, zunächst erstmal *nur für uns gilt*. Jeder missionarische Eifer ist fehl am Platze. Selbstverständlich können wir anderen unsere Erfahrungen weitergeben, als Geschenk sozusagen. Aber ohne jeden Anspruch auf Würdigung. Unser Wissen und unsere Erfahrung sind ein Baustein, der sich mit den Qualitäten anderer Menschen verbinden soll. Diese Qualitäten können alle sehr unterschiedlich sein. Es ist wie mit dem Licht im Prisma: es hat viele verschiedene Farben, keine ist wichtiger, keine besser. Aber *alle zusammen* sind sie sehr schön.

Wichtig ist, daß wir unser Leben auf der Grundlage unserer eigenen Erfahrungen leben. Ein großer Irrtum ist es, wenn wir auf unserem Weg an irgendeiner Stelle anfangen, jemand anderen zu kopieren, selbst wenn derjenige ein großer Lehrer oder Meister ist. Dieses Nachahmen bringt uns nicht weiter. Und wir können uns auch an keiner Stelle unseres Weges auf das berufen, was uns ein anderer gesagt hat. Wir und nur wir allein tragen die Verantwortung und müssen für alles, was wir tun, und auch für das, was wir unterlassen, gerade stehen.

Je mehr wir unsere Bestimmung gefunden haben, desto größer sollten auch unsere Ehrfurcht und Dankbarkeit der Macht gegenüber sein, die alles Geschehen in ihrer Hand hält. Diese *Ein*-Sicht führt zu Demut, zu Liebe, ja zu einem friedvollen, gelassenen und tiefgründigen Lebensgefühl. Wir werden immer größeres Verständnis entwickeln für die Menschen um uns herum. Unsere innere Sicherheit, unsere Ausstrahlung, unsere Anziehungskraft werden täglich zunehmen, ohne daß wir dies nach außen kehren und uns profilieren müssen. Und gerade diese stille Wirkung, die von uns ausgeht, gibt uns Gewicht. Letztendlich sind wir es in erster Linie auch selber, die von dieser Entwicklung profitieren. Wir finden zu einer ständig wachsenden inneren Stärke und Sicherheit, zu einem festen Vertrauen auf unsere Intuition, den Teil in uns, der *weiß*.

Haben wir dies erreicht, werden wir etwas bewirken, wir werden die Welt verändern. Ich glaube, daß die Lösung *aller Probleme*, die wir haben, *in* uns liegt, in einem jeden von uns. Und wenn ich sage *aller Probleme*, dann meine ich damit eben nicht nur die Alltagsfragen des einzelnen, sondern gerade auch die weltumfassenden Fragen, die Politik, die Wirtschaftskrisen, die Umweltbedrohung. Es läßt sich alles lösen, aber der Schlüssel liegt im *Umdenken*. Es wird keine technokratische Lösung geben! Wir brauchen kein besseres »Knowhow«, keine leistungsfähigeren Computer, keine integereren Politiker. Was wir brauchen, ist eine neue Qualität des Seins, ein neues allumfassendes Bewußtsein. Die Zukunft ist eine Frage von Energie, einer neuen Energie, die von innen kommt, die ihren Ursprung in uns hat.

Ich habe eine Vision vom »neuen Menschen«: Er ist nicht länger das Raubtier, als das ihn uns die Geschichte durch alle bisherigen Epochen hinweg gezeigt hat. Weder Egoismus noch Angst beherrschen ihn. Er hat Größe, Ruhe und Gelassenheit, Liebe und Ehrfurcht vor allem Leben in diesem Universum. Er ist endlich wie Gott. Aber er nutzt dies nicht aus, es ist ihm *gleich*-gültig. Er ist am Ziel, es gibt keine Eile, nichts mehr, was er unbedingt noch erreichen muß. *Alles ist ihm all-gegenwärtig!* Das ist die *Metamorphose*, die ich meine. Aus der Raupe ist ein Schmetterling geworden!

Wir brauchen die Erneuerung unseres Bewußtseins, um unsere geistigen und seelischen Kapazitäten erkennen und mit ihnen arbeiten zu können. Bisher nutzen wir nur einen geringen Teil dieser Ressourcen. Das meiste liegt brach. Die Biologie sagt uns, daß wir von unserer Gehirnleistungsfähigkeit lediglich 10-20 % einsetzen. Im seelischen Bereich ist dieses Mißverhältnis noch stärker ausgeprägt. Zwar gibt es keine Möglichkeit, diese Sachverhalte anhand irgendwelcher meßbarer Größen nachzuweisen, aber eine Fülle von Versuchen zeigt, daß Wunder buchstäblich möglich sind, wenn wir unsere Fähigkeiten vollständig nutzen und einsetzen.

Metamorphose ist Verwandlung! Wir alle können solche Verwandlungen erleben. Zunächst an uns selbst oder als zufälliger Beobachter an Menschen in unserer näheren Umgebung. Aber damit ist die Sache nicht zu Ende. Wir können, haben wir den Sachverhalt erst einmal verstanden, solche Verwandlungen selbst inszenieren. Am Anfang dieses Buches habe ich die Frage gestellt, ob es nicht zwecklos ist, überhaupt etwas ändern zu wollen, da man alleine machtlos ist. Hier meine entschiedene Antwort: *Nein*, dies ist absolut nicht so. Jeder *einzelne* von uns kann Berge versetzen. Und haben wir erst einmal begonnen, unseren neuen Weg zu gehen, wird uns unsere Intuition auf wundersame Weise mit anderen wunderbaren Menschen zusammenführen, die genauso denken wie wir.

Es ist nicht die Frage, ob die Welt in einer Katastrophe untergehen wird oder nicht, denn es wird Katastrophen mit Sicherheit geben. Vermutlich auch in einem größeren Ausmaß, als wir sie bisher kennen. Entscheidend wird aber sein, wie wir alle diese Katastrophen meistern – *meistern*, nicht »überstehen«! Und diese Aufgabe wird jeden einzelnen Menschen *persönlich* betreffen. Die Frage, ob *wir* den Reinigungsprozeß des Universums, die globalen Katastrophen, unbeschadet überstehen und gestärkt aus ihnen hervorgehen, wird in *unserem* Bewußtsein, in *unserem* Denken entschieden. Hier liegt die ganz große Chance für uns alle und für unseren Planeten. Und für einen erfolgreichen Ausgang dieses Erneuerungsprozesses bedarf es nicht sehr vieler Menschen.

Fast jeder hat täglich in irgendeiner Weise mit Computern zu tun. Von ihnen können wir viel lernen. Sie lassen sich programmieren. Und genauso können wir unser (Unter-)Bewußtsein programmieren. Es ist die »Hardware«, die wir als Kapital mit in dieses Leben bekommen haben. Allerdings gilt hier ein wichtiger Grundsatz: Zuerst müssen wir eine genaue Zielvorstellung programmieren, dann erst wird unser Unterbewußtsein für uns arbeiten. Genau wie jeder PC erst mit einer Software programmiert werden muß, die ihm sagt, was er mit den Daten, mit denen er gefüttert wird, anfangen soll, muß unser Unterbewußtsein programmiert werden, *bevor* es etwas sinnvolles leisten kann. Doch haben wir erst einmal ein Programm installiert, eine feste Absicht, ein Ziel ins Auge gefaßt, um das es uns *wirklich* ernst ist, das wir *wirklich* unbedingt erreichen wollen, dann werden wir Wunder erleben. Es gibt nichts, was wir nicht erreichen können! Wir müssen lediglich wissen, was wir *wirklich* wollen, es für möglich halten und letztlich unbeirrbar daran glauben.

Fast am Ende des Buches angekommen, möchte ich einige durchaus gewagte Gedanken hinsichtlich des Todes vorstellen. Eine Frage, vor der wir früher oder später alle stehen und an der wir uns und unser Leben messen lassen müssen, ist die nach dem Tod. Gibt es auf diese Frage wirklich nur eine Antwort? Wer sagt denn, daß alle Menschen sterben müssen. Ist der Tod tatsächlich ein Naturgesetz? Oder sterben wir, weil wir uns nicht trauen, ein Leben ohne Tod für möglich zu halten? Sterben wir, weil wir die Kraft nicht haben, jeden Tag aufs neue freudig aus dem Bett zu steigen und die Herausforderungen mit Begeisterung anzunehmen, die dieses Leben uns täglich neu bietet? Dieses Leben ist eine einzige Faszination. Nur wir sehen dies oft nicht (mehr). In diesem Sinne ist die Frage, die in dem bemerkenswerten Song *»Forever young«* gestellt wird, sehr aufschlußreich. Es heißt da: *»Do you really want to live forever?«* (Möchtest du wirklich für immer leben?)

Haben Sie schon einmal darüber nachgedacht, ihren »Computer«, ihr eigenes Denken so zu programmieren, daß *ihr* Tod darin nicht mehr vorkommt? Das ist gar nicht so absurd, wie Sie es in diesem Moment vielleicht empfinden. Wenn Sie allerdings schon seit Ihrer Schulzeit auf Ihre Pension hinarbeiten, wenn Sie, und sei es auch nur ironisch, über das Älterwerden und die zwangsläufigen Wehwehchen witzeln, und wenn Sie dann schließlich noch die Langeweile und der Lebensüberdruß zu plagen beginnen, dann brauchen Sie sich über die Realität *Ihres* Todes nicht zu wundern. In einer solchen Sachlage ist der Tod die einzig mögliche Konsequenz, der einzig logische Ausweg, das unvermeidbare Ende. Ziehen Sie einmal Bilanz: Wenn heute jemand von Ihnen verlangt, zu entscheiden, ob Sie ewig leben möchten oder nicht, was würden Sie antworten? – Hier stellt sich die entscheidende Frage! Wem von uns macht sein Leben soviel Freude, für wen ist der Alltag eine derartig be-*geisternde* Herausforderung, daß er ewig leben möchte. Legen Sie das Buch für einen Moment zur Seite und beantworten Sie sich einmal diese Frage: Möchte ich ewig leben? Aber lassen Sie dabei bitte die Einwände Ihres Verstandes, daß dies ja sowieso unmöglich sei, unbedingt ausgeklammert.

Niemand stirb zufällig. Jeder Tod ist eine (un-)bewußte Entscheidung desjenigen, der stirbt. Es gibt eine Instanz in unserem Überbewußtsein (oder auch Unterbewußtsein), die exakt abwägt, ob dieses Leben für uns noch lebenswert ist, ob es noch einen Sinn hat oder nicht. Und wir füttern diesen Computer, unser Unterbewußtsein, unter anderem durch unsere Gedanken und Gefühle mit Informationen, die in diese Entscheidung mit einfließen. Der Tod ist eine Erlösung für Menschen, die mit den Begrenzungen ihres Lebens nicht mehr fertig werden. Er ist ein letzter, gnädiger Ausweg, den wir wählen können, aber er ist niemals ein unausweichliches Naturgesetz. Er ist lediglich die logische Folge all der anderen Begrenzungen, der gedanklichen Gefängnisse, in die wir uns tagtäglich einsperren oder in die wir uns von anderen einsperren lassen. Für die meisten Menschen ist es ab einem bestimmten Zeitpunkt ihres Lebens einfach leichter und logischer, den Tod als Lösung ihrer Probleme zu wählen, als sich weiter mit dem Leben auseinanderzusetzen.

Stellen wir uns vor, alle Raupen würden darüber ins Grübeln geraten, ob sie wirklich zu einem Schmetterling werden könnten. Würden alle Raupen sich ihrer Begrenztheit bewußt, gäbe es vermutlich keine Schmetterlinge. Die Raupe wird Schmetterling, weil sie einfach die Metamorphose *lebt*. Und genau das können wir auch.

Metamorphose ist unsere Zukunftsperspektive. Sie ist die Perspektive für diese Welt. Wenn wir den Tod nicht länger akzeptieren, dann muß auch unser Planet nicht sterben. Dies ist eine Frage unserer Energie! Unsere Gedanken, unsere Pläne und Absichten sind der energetische Bauplan, nach dem sich die gesamte materielle Welt ausrichtet. Nichts kann den positiven Ausgang des »Experimentes Erde« in irgendeiner Weise gefährden. Die neue Welt ist bereits Wirklichkeit. Wir brauchen nichts weiter zu tun, als sie für uns in Anspruch zu nehmen und mit unseren guten Energien zu füllen.

VERSTAND VERSUS LEBEN

Verstand versus Leben – so formuliert scheint diese Aussage völlig absurd. Wieso sollten Verstand und Leben sich gegenseitig ausschließen? Schließlich sind wir dahin, wo wir heute sind, nur wegen des Verstandes und seiner Leistung gekommen. Ja richtig, doch ist diese Aussage leider recht doppeldeutig. Wenn wir sie differenzieren bedenkt, ist sie gar nicht mehr so absurd. Es stimmt, daß uns die unzähligen Erfindungen der Vergangenheit dahin gebracht haben, wo wir heute stehen. Aber nicht nur im Sinne unserer Erfolge, sondern gerade auch im Hinblick auf unsere Probleme. Dieser Punkt, dieses *Heute* ist durchaus bedenklich. Das Leben auf dieser Erde ist bedroht, bedroht von der modernen Zivilisation und ihren Errungenschaften, bedroht von den Produkten des menschlichen Verstandes. Im Grunde haben wir uns in diesem Buch fortwährend mit der Polarität Verstand/Leben beschäftigt. Nur habe ich diese Frage bisher nicht auf den Punkt gebracht.

Verstand versus Leben – vor diese Entscheidung sind wir nicht erst heute gestellt. Eigentlich begann die Geschichte der Menschheit genau mit dieser Frage. Erinnern wir uns: im Paradies standen zwei Bäume, der Baum des *Lebens* und der Baum der *Erkenntnis*. Also tatsächlich keine absurde Frage, sondern *die* Frage überhaupt. Im Paradies entschieden sich die Menschen damals für den Verstand, die Erkenntnis. Bis heute vollzieht sich Leben auf dieser Erde unter diesem Paradigma, dem des Verstandes. Nur ist es schon lange nicht mehr der Mensch, der seinen Verstand benutzt, um das Leben zu meistern, der das Heft in der Hand hält. Der Verstand hat sich verselbständigt und beherrscht den Menschen. Alles wird ihm untergeordnet. Die linke Gehirnhälfte, die logisch-verstandesmäßige, ist die Instanz geworden, an der sich alles, was auf dieser Erde geschieht, messen lassen muß.

Nicht nur im Sinne konstruktiver Problemlösungen beherrscht der Verstand das heutige Leben. In vielen Menschen wirkt er als eine destruktive Macht, indem er sie mit bösartigen und zerstörerischen Ideen umtreibt. Andere überhäuft er mit Ängsten, oft so weit, daß sie nicht mehr lebenstüchtig sind. Selbst wenn die Auswirkungen dieser Aktivitäten des Verstandes für die meisten Menschen eher harmlos sind, so ist er doch ein ruheloser Quälgeist, der »seinen« Menschen ohne Ende jagt. Es ist natürlich nicht so, daß der Verstand grundsätzlich schlecht ist oder gar als unser Feind angesehen werden muß. Wir brauchen diese Fähigkeit des Denkens und, wie bereits mehrfach erwähnt, sie hat uns ja auch in der Vergangenheit, in der Entwicklung der Menschheit sehr viel Gutes beschert. Problematisch ist nur, daß wir dem logischen Denken alles unterordnen, es zum alleinigen Maßstab für unsere Entscheidungen machen. Unser Verstand steht nie still. Unaufhörlich sendet er seine Botschaften.

Machen wir uns einmal bewußt, daß die meisten Gedanken permanente Wiederholungen sind. Was wir heute denken, haben wir zu weit über 90 Prozent bereits gestern und vorgestern und auch letzte

Woche gedacht. Das ist nicht gerade kreativ, besonders wenn es um Lösungen geht. Gerade durch die ständigen Wiederholungen werden unsere Gedanken zu Programmen, die unser Leben beherrschen. Und wenn wir dann noch diesen Programmen die oberste Alleinherrschaft und Entscheidungsbefugnis überlassen, wenn wir neben dem logischen Verstand nichts anderes gelten lassen, dann ist das eine Sackgasse, die unser Ende bedeuten wird.

Die Schlange versprach Adam und Eva im Paradies Macht, wenn sie vom »Baum der Erkenntnis« essen würden. Doch der Mensch hat es nicht geschafft, diese Macht der Erkenntnis verantwortungsvoll zu nutzen. Er machte den Verstand zu seinem Gott, und so gab der Sündenfall eigentlich dem Verstand Macht, Macht über die Menschen.

Doch es gibt einen ganz einfachen Ausweg aus diesem Dilemma: Wir können uns von der Herrschaft des Verstandes lösen, wenn wir den Schritt wagen, uns einzugestehen, daß wir nicht alles wissen, daß wir nicht alles im Griff haben. Wenn wir uns dieser Einsicht öffnen, sie als neue Grundlage unseres Lebens akzeptieren, dann werden wir merken, daß wir auch gar nichts im Griff zu behalten brauchen. Wir werden diesen Anspruch als unnütze Illusion erkennen. Die Bibel nennt diese Einsicht *Erlösung*, die östlichen Weisheitslehren sprechen von *Erleuchtung*. Dieser Schritt, dieses Loslassen ist ungeheuer befreiend. Wenn wir ihn gehen, fangen wir an zu *leben*.

Das alte Testament führt uns eine Geschichte vor Augen, die wir auf die heutige Zeit übertragen können: Die Israeliten befanden sich in Ägypten in der Sklaverei. Genauso befinden sich auch heute die meisten Menschen wegen Streß, Zeitmangel, Geldmangel, Arbeits- und Leistungsdruck, wegen der Erwartung der Mitmenschen und so weiter in einer Art Sklaverei. Genauso wie damals das Volk Israel will Gott auch heute die Menschen aus dieser Sklaverei befreien. So wie damals Mose gibt es auch heute Führer, die uns helfen wollen auf diesem Weg aus der Knechtschaft. Aber die Sache hat einen Haken, wie in der biblischen Geschichte beschrieben. Auf den Auszug aus Ägypten folgt heute wie damals die Wüstenwanderung, eine Zeit, in der Leben nur auf der Basis von Vertrauen, von Glauben möglich ist. Alles wurde den Israeliten geschenkt: Wasser aus dem Felsen, Manna vom Himmel an jedem Morgen ... nur der Verstand lebte in völliger Ungewißheit. Für ihn gab es keine Sicherheiten. Der Preis für die Freiheit war der Verlust der verstandesmäßigen Sicherheit. Wir sollten diese Geschichte einmal unter diesem Blickwinkel betrachten.

40 Jahre des »Trainings« in der Wüste lagen zwischen dem Auszug aus Ägypten und der Ankunft im gelobten Land. Doch trotz der täglichen Wunder hat der Verstand diese Zeit überlebt. Das Volk Israel kam zwar in das gelobte Land, aber es war nicht reif dafür. Das zeigt die Leidensgeschichte, die das alte Testament beschreibt. Auch wir haben heute die Wahl. Wir können ins Paradies, ins gelobte Land zurück. Und wir brauchen keinen 40 Jahre dauernden Umweg zu machen, wenn wir nur eines schaffen: *loslassen*! Uns dem hingeben, das für uns sorgt.

Es gibt eine Instanz in unserem Leben, die sehr viel größer und mächtiger ist als der Verstand. Diese Instanz entzieht sich aber dem Zugriff des Denkens. Ihr können wir uns nur über unsere rechte, die intuitive Gehirnhälfte nähern. Wenn wir dies tun, wenn wir diese andere, diese verlorene, diese paradiesische Seite wiederfinden, dann werden wir heil, dann werden wir ganz. Wenn wir diesen Schritt mit *Bewußtsein* vollziehen, dann schließt sich der Kreis, wir werden *ganz*, wir werden *eins* mit der *Einheit*. Wir kehren zurück ins Paradies, nun aber wirklich wissend. Doch dieses *Wissen* ist kein vordergründiges logisch-verstandesmäßiges, sondern ein bewußtes *all*-umfassendes Wissen.

In dieser *Heimkehr* liegt der Sinn des Lebens der Menschheit auf dieser Welt. All die Nöte und Probleme sind nur dafür da (gewesen), daß wir diese Erfahrungen machen, die uns als Wissende – nicht mit dem Verstand, sondern mit dem Herzen Wissende – ins Paradies zurückbringen. Das ist dann die *Wende*, der Beginn der *Neuen Welt*.

LITERATURHINWEISE

Carnegie, Dale: *Sorge Dich nicht, lebe*, Fischer
Dethlefsen, Thorwald: *Schicksal als Chance*, Arkana
Goodman, Linda: *Star Signs – Geheime Botschaften des Universums*, Lüchow
Redfield, James: *Die Prophezeiungen von Celestinen*, Ullstein Verlag
Seiwert Lothar: *Wenn Du es eilig hast, gehe langsam*, Campus Verlag
Siegel, Bernie: *Prognose Hoffnung – Liebe, Medizin und Wunder*, Ullstein
Starkmuth; Jörg: *Die Entstehung der Realität*, Goldmann Arkana

Frank C. Blomeyer: **Burnout**
Warum läßt Du Dich verheizen?

Zwei Drittel aller Berufstätigen leiden unter Burnout-Symptomen, das Streß-Problem explodiert geradezu in unserer Zeit. Für den einzelnen Menschen ist dies höchst problematisch, weil die andauernde Überforderung zu schwerwiegenden Störungen bis hin zur Lebensuntüchtigkeit führen kann. - Das Buch von Frank C. Blomeyer liefert zunächst Hintergrundinformationen zum Thema Streß und zur Burnout-Problematik, insbesondere zu deren Symptomatik und Entstehung. Weiter werden Möglichkeiten des konstruktiven Umgangs mit Streßbelastungen und verschiedene Interventionsstrategien beschrieben. Dazu gehören praktische Übungen, die für den täglichen Einsatz gedacht sind und den Betroffenen unmittelbare Hilfe im Alltag geben sollen. Der Leser kann sich mit diesem Buch sein persönliches Anti-Streßprogramm zusammenstellen.

Wenn Streß uns krank macht, hat das aber auch damit zu tun, daß wir fremdbestimmt werden, daß wir nicht »Nein« sagen können. Warum läßt du dich verheizen? Dieser Frage geht der Autor nach, und er zeigt auf, daß konsequentes Umdenken oft unausweichlich ist. Die momentane Entwicklung hinsichtlich Streß und Burnout hat auch eine bedrohliche Dimension für unsere Gesellschaft, deshalb wird das Thema ganzheitlich betrachtet, spielt der gesellschaftliche Aspekt in dem Buch eine Rolle - und auch hierfür sieht und beschreibt Frank C. Blomeyer Lösungsansätze.

ca. 160 Seiten, mehrere s/w-Abb., ISBN 978-3-934291-61-4,
Preis: 14,80 Euro (D)

www.verlag-zeitenwende.de